행인출판사

4인 4색
부산 부동산 단톡방 엿보기

태박이, 유동닉(전경민)
연산댁, 부산빠꾸미(김도협)
공편저

부산 부동산 단톡방

부산지역 부동산에 대해

유튜버, 투자자, 가정주부,
부동산 전문 변호사가

임장활동을 통해 보고 느낀

생생하고 현장감있는 정보를
알려드립니다!

■ 4 인 4 색 부 산 부 동 산 단 톡 방 엿 보 기 ■

들어가며

"왜 같은 아파트를 보면서도 각자의 생각이 다를까? 어떻게 다를까."

　부산을 중심으로 활동하는 아파트 유튜버 태박이, 실거주자를 표방하지만 부동산을 모르는 전문직 유동닉, 투자와 거주를 동시에 잡고 싶은 파이팅 넘치는 주부 연산댁, 전국구 아파트 투자자 부산 빠꾸미가 단톡방에 모여 부산의 아파트 중 선정한 12개 아파트에 대해서 다양한 생각을 나누었습니다.

　이 단톡방에서는 각자 아파트를 보는 시각이 다른 사람들의 솔직한 생각과 욕망, 그리고 경험에서 우러난 진솔한 대화와, 실거주 경험은 물론 투자에 있어 유용한 팁 등을 엿볼 수 있습니다.

　누군가에게는 부산 아파트 투자에 대한 가이드북이 될 수 있고, 누군가에게는 다양한 시각을 볼 수 있는 창이 될, 4인4색 단톡방으로 당신을 초대합니다.

　PS. 이 단톡방에서 다룰 12개 아파트들은, 투자관점에서 꼽은 아파트들이라기 보다는, 다양한 주제를 다루기 위해 적합한 아파트들로 하였습니다.

■ 4 인 4 색 부 산 부 동 산 단 톡 방 엿 보 기 ■

추천사

　부산 지역의 유튜버, 투자자, 가정주부, 부동산 전문 변호사가 직접 임장활동을 통해 보고 느끼고 알려드리고 싶은 우리 지역 아파트들의 생생한, 현장감 있는 정보를 제공해 주고 있다.
　바쁜 일상생활에서도 본 서를 통해 실질적인 아파트 정보를 많이 얻어서 부동산 활동에 많은 이득이 되길 기대한다.

_ 강정규 원장 / 동의대학교 부동산 대학원 원장, 국내 1호 부동산학 박사

　저자와 이야기하듯 단숨에 읽었다.
　부산지역 주요아파트 정보를 이렇게 살아 숨쉬듯 설명해주는 서적이있을까? 이 책이 돋보이는 이유다.
　통찰이 넘치는 설명과 분석을 통해 이 시대의 화두, 부동산에 관심있는 사람에게 큰 힘이 될 책이다.
　내가 딛고 있는 발 밑을 보게함과 동시에, 나의 부동산 방향을 어디에 초점을 둘 것인지 메인테마가 길라잡이가 될것이라 생각한다.
　네 분의 저자에게 존경과 감사의 박수를 보낸다.

_ 권재혁 대표 / 블루삭커피

■ 4 인 4 색 부 산 부 동 산 단 톡 방 엿 보 기 ■

　　부산지역 부동산 최고 인싸 4명이 모여, 12개의 테마로 최근 몇년간 부산 부동산시장의 투자포인트를 가감없이 뽑아낸 액기스! 과거의 실거래가 및 실사례를 기반으로, 재미와 센스를 넣어 기존 딱딱한 투자교재와 차별성을 두었다. 무엇보다 투자경험이 부족한 구독자분에게 추천하고픈 필독도서로 당신의 "성투" 종착역까지 시간을 아껴줄것이다.

_ 면상구제 / 부동산 투자자

　　"부산 대세상승을 이끌던 아파트를 통하여 과거를 공부하고, 앞으로의 부산 부동산 시장의 미래를 예측할수있는 필독서"

_ 주훈석 대표 / 지얼세라믹

　　미래를 알 수 없듯 현재의 인플루언서들이 4명의 실전 경험과 12개의 테마로 알기 쉽고 재미있게 이야기 해주는 "4인 4색 부산 부동산 단톡방 엿보기"네요. 매일 같이 열심히 살아가는 우리들의 삶에 평범하고 지속적인 관심과 노력에서 같은 시대에 여정의 인연과 동반자로 행복을 기원합니다.

_ 구서동행님 / 유튜버

■ 4인 4색 부산 부동산 단톡방 엿보기 ■

인물소개

 **태박이(익명)**

부동산 현장과 아파트 임장 컨텐츠를 다루는 부동산 유튜버이자 30대 직장인.
현재는 부산을 대표하는 유튜버로 성장하였다.
부린이의 과정을 거쳐오면서, 부동산 투자 성공과 실패를 두루 경험했다.
그 과정에서 부린이의 시각을 잘 이해하게 되었다고 생각한다.
따라서 부린이들이 어떤 관점에서 아파트를 바라보고 선택해야하는지에 대해 포커스를 맞추고자 한다.
40세 전 해운대 신축 입성에 성공했으며, 향후 해운대 마리나라인 60평형 입성과 경제적 자유를 목표로 두고 있다.

 **유동닉**(본명 전경민, 법무법인 율하, 사법시험 제51회, 동의대부동산대학원 석사과정)

부동산 전문변호사를 표방하고 있지만, 사실 부동산은 잘 모르는 부린이.
그동안은 '근로소득'만으로도 경제적 자유를 얻을 수 있다고 착각하면서 살 집만을 위주로 아파트를 선택하다 보니 별달리 투자가치가 없는 구축 아파트들만을 구매한 후 인테리어 한 후에 손해보고 팔아서 그간 남 좋은일만 시켜준 경험 다수.
개인적인 목표는 향후에도 실거주를 할 수 있고 장기적으로 주택연금 등으로 활용이 가능한 시민공원 근처의 대형평수 아파트 입성이 목표이다.
이 책에는 별다른 자산이 없는 상대적 고소득자이자 실수요자의 입장에서 아파트를 바라보는 관점에 대해서 주로 이야기 하고자 한다.

 **연산댁(익명)**

유튜브 태박이 채널 원조 게스트

우연한 기회로 부동산 썰을 맛깔나게 푼 것이 계기가 되어 본격적으로 부동산 시장에 관심을 가지고 공부해나가고 있다.

아직 부린이에 가깝지만, 지난 부동산 상승장에서 끊임없이 생성해온 부동산 흑역사와 본인만이 가진 부동산썰을 이 책에서 좀 더 재미있게 풀고자 한다.

(전)하락론자, (현)구조+자재+옵션 매니아 남편과 함께 파이팅 넘치는 텐션과 부동산에 대한 열정으로 경제적 자유에 한걸음씩 다가가고 있다. 남천동 삼익비치에 실거주하며 스카이 라운지에서 친구들을 모아 환갑 잔치를 하는 것을 목표로 하고 있다.

 **부산빠꾸미(본명: 김도협)**

STX조선해양에서 SK케미칼로 이직 후 직장 생활에 회의를 느꼈고 부동산 투자로 일정 부분 파이프라인을 만든 후 잘 다니던 회사를 39살에 자진해서 퇴직한 파이어족이자 부동산 투자자

조기 은퇴 후 가족과 3년 제주 생활하다 최근 부동산 강연을 시작한 N잡러

아파트를 보는 시각은 실거주 보다 투자 수익을 얼마나 낼 수 있느냐가 중요하고 전국 부동산 사이클에 맞는 선진입 투자를 하고 있다.

이 책을 통해서 부동산 시장의 원리와 프로세스를 이해하여 부산 부동산 뿐만 아니라 전국 부동산 투자의 기회를 함께 찾으려 노력했다.

액션이 현실을 바꾼다는 말을 굳게 믿고 있고 실제로 실행하여 목표를 하나씩 이뤄가고 있다.

지금처럼 시간 부자로 계속 살아가는 게 삶의 목표이다.

■ 4 인 4 색 부 산 부 동 산 단 톡 방 엿 보 기 ■

목차

01. 더샵센텀파크(메인테마 : 학군지) 009

02. 수영현대(메인테마 : 몸테크, 재건축이슈) 025

03. 연산롯데캐슬골드포레(메인테마 : 원도심 내 대규모 재개발) 045

04. 화명롯데캐슬카이저(메인테마 : 대단지) 067

05. 더샵명지퍼스트월드(메인테마 : 택지지구 신도시) 091

06. 해운대롯데캐슬스타(메인테마 : A급지 주상복합, 조망의 가치) 111

07. 송도 힐스테이트이진베이시티(메인테마 : 하이엔드 고급화와 뷰) 131

08. 래미안장전(메인테마 : 브역대신평초) 151

09. 연지동 래미안어반파크(메인테마: 부동산 미래가치) 167

10. 거제현대홈타운(메인테마 : 입지 좋은 구축, 학군지) 183

11. 용호동 LG메트로시티(메인테마 : 리모델링, 아파트 트렌드) 205

12. 협성휴포레부산진역오션뷰(메인테마 : 개발 호재) 221

에필로그
내가 가고 싶은 아파트를 말하다…(부산 아파트 시장의 미래?) 235

■ 4인 4색 부산 부동산 단톡방 엿보기 ■

더샵센텀파크(메인테마 : 학군지)

◎ 위　치 : 부산 해운대구 재송동
◎ 준　공 : 2005년 10월(1차), 2005년 12월(2차)
◎ 세대수 : 3,750세대(총 20개동)

태박이　　유동닉　　연산댁　　부산빠꾸미

이번에 소개할 아파트는 더샵센텀파크입니다.

센텀시티에 위치한 대단지 아파트(3,750세대)로 애들 키우기 좋은 곳으로 유명하죠? 초등학생 자녀가 있는 집에서는 이사계획을 세우며 한번쯤 실거주를 고려해보는 아파트들 가운데 한 곳입니다.

저도 2011년부터 10년 정도 실거주하며 느낀 점이 그 어떤 아파트 단지보다 초등학생들을 키우는 가정이 많다는 거였어요. 학교 마치는 시간이 되면 학생들과 학부모 등으로 아파트 단지가 활기차죠.
이처럼 많은 부모님들의 사랑을 받는 더샵센텀파크의 가장 큰 매력은 무엇이라고 생각하나요?

4인 4색 부산 부동산 단톡방 엿보기

제가 부산지방검찰청 동부지청에서 검사시보로 근무할 때, 선배님 댁에 방문한다고 간 아파트가 있었는데요. 집에 긴 복도가 따로 있고, 주방도 따로 있는 아파트를 보고 엄청 놀랐던 기억이 있습니다.

뒤돌아보니 그게 센텀파크 59평이었던 것 같습니다.

개인적으로 생각하는 더샵센텀파크의 최대 매력은 수영강을 끼고 있어 자연환경을 즐길 수 있고, 지리적으로 자가이동이 편리한 부분은 기본인데다가, 대형평수 구성이 다양하기 때문에, 좀 더 넓은 실내에서 아파트 생활을 영위하고 싶은 분들에게도 좋은 선택이 된다는 점입니다.

01. 더샵센텀파크(메인테마 : 학군지)

맞아요. 저도 59평 타워형 고층세대에 방문한 적이 있었는데, '그사세'라고 하죠? 고급진 인테리어와 센텀시티&마린시티까지 쫙 보이는 뷰를 보며 같은 아파트 단지 안에 거주하고 있지만 참 다른 세상이라는 걸 느꼈답니다.

그리고 2000년대 중반만 하더라도 타워형 대형평수 아파트 구조가 흔하지 않아서 집에 복도가 있다는 사실만으로도 신선한 충격이었죠.

평형대에 대해 살펴보면 1차 기준 34평(1,042세대), 40평(282세대), 50평(854세대), 59평(480세대), 69평(94세대)로 구성되어있습니다.

69평의 경우 대형평수에 대한 수요를 반영하듯 최근 실거래가는 1년만에 13억대에서 26억(2022년 1월)으로 딱 두배가 되었네요. 이렇듯 수영강뷰가 잘 나오는 대형평수가 아파트 단지에 있다는 점은 센텀파크의 매력 포인트가 될 수 있겠습니다.

또한 학군지의 대표적인 아파트로 아파트 단지내에 센텀초등학교가 있고, 걸어서 갈 수 있는 가까운 거리에 센텀중학교, 센텀고등학교가 있습니다.

아파트 단지 인근 초중고가 모두 있다는 것도 장점이지만 아파트 주변에 유해시설이 전혀 없고 학원가도 잘 발달되어 있는 것이 무엇보다 더샵센텀파크의 매력을 올려주는 요인이 아닐까 생각됩니다.

4인 4색 **부산 부동산** 단톡방 엿보기

_ 센텀초, 중, 고등학교 위치

 실제로 센텀파크에 이사왔을 때 초등학생이던 조카가 아파트 상가에 PC방이 없다고 속상해하던 적이 있었어요. 상가에 없다고 아예 안가는 것은 아니지만 그만큼 접근성이 떨어지니 덜 가게 되는 것은 확실한 것 같고 자연스럽게 면학 분위기가 조성되는 것 같았어요.

그리고 데크층(4층)에서는 차가 다니지 않아 아이들이 아파트 단지를 안전하게 다닐 수 있다는 것도 큰 장점이라고 생각합니다. 이와 관련된 여러분들의 생각은 어떠신가요?

01. 더샵센텀파크(메인테마 : 학군지)

부산 학군에 대해서 투자 관점에서 한마디 하자면 서울과 경기도, 인천 등의 수도권 아파트의 경우 대표 근무지라 할 수 있는 강남까지 대중교통으로 얼마나 빨리 가느냐의 직장과 거주지의 접근 거리인 직주근접을 매우 중요하게 생각합니다.

거기다 한 가지를 더 뽑자면 학군을 뽑을 수 있는데 강남 8학군과 수도권 대표 학군지인 목동, 분당, 노원, 평촌, 일산, 수지 등은 이번 상승장에서도 투자자와 실거주의 선호에 따라 집값이 많이 올랐습니다.

지방의 경우에는 수도권과 다르게 사무실이나 본사가 도심 중심에 있기보다는 외곽의 공장이나 도심 내 사무실도 여러 곳에 분산되어 있어서 직주근접의 중요성이 약하고 학군지 선호현상이 더 강합니다. 대표적인 곳이 대구 수성구고 부산의 경우 대표적인 학군지가 센텀, 좌동, 사직, 구서, 화명 등이 있죠.

최근 부산 학군지 중 가장 두각을 드러내는 곳이 센텀 학군이 아닌가 싶어요. 젊은 부자들이 센텀으로 모이고 학군을 만들어가기 시작했는데, 최근에는 아웃풋도 나오고 있습니다. 학군으로 부산에서 현재도 미래도 밝은 곳이 센텀이고 그 중심에 대표 아파트인 센텀파크가 있는 겁니다.

요래 적어 놓고 보니 센텀파크 너무 좋네예~

빠꾸미님, 학군지에 대한 의견 잘 보았고 동의합니다.

센텀 학군의 경우, 센텀중학교를 키포인트로 볼 수 있지요. 센텀중학교가 특목고 진학 순위에서 두드러지는 성과를 보여줬기 때문인데요, 당연히 학부모님들은 자녀를 이런 훌륭한 학교로 진학시키고 싶어지겠죠.

그럼 센텀중학교에 어떻게 진학할 수 있을까요? 센텀초등학교를 졸업하면 됩니다. 센텀초등학교 졸업생 100%가 센텀중학교를 배정받거든요. 그럼 센텀초등학교는 어떻게 입학할 수 있을까요? 바로 더샵센텀파크에 살면 됩니다. 정리하자면 더샵센텀파크에 살면 센텀중학교 진학을 보장받는다는 것이지요. 이것이 더샵센텀파크가 인기가 많을 수 밖에 없는 이유가 아닐까요?

학군 배정도 중요하지만, 그런 사람들이 모인다는 것, 다시 말해서 교육열이 있는 사람들이 모인다는 그 자체가 또 하나의 포인트입니다. 교육열이 있는 부모들 사이에서 커뮤니티가 형성되고 의견 교환, 정보 교환이 이루어지게 될 것이고, 그런 부모 밑에서 자란 아이들이 서로 친구가 되는 환경입니다.

01. 더샵센텀파크(메인테마 : 학군지)

사람은 노출된 환경에 따라 달라지고, 적응하고, 삶의 방향성이 정해지기도 하죠. 책을 읽고, 가족들과 대화하고, 친구들과 꿈을 이야기하는 것이 어떤 아이에게는 당연한 생활이고, 또 어떤 아이에게는 너무 불편하고 생소할 수도 있겠습니다.

사실 공부라는게 개인별로 성취도가 다르기 때문에 학군이라는게 무슨의미가 있나 싶겠다가도 학군이 환경을 포함한다는 의미에서 보면 센텀파크는 말그대로 자녀들 키우기에는 참 좋은 환경인거 같습니다.

그리고 데크층에 차가 전혀 다니지 않는다는 것도 최근 신축된 공원형 아파트들의 경우에도 지상으로는 택배차량 등이 왕래하는 경우가 많기 때문에, 그에 비하면 센텀파크의 '완전 차 없는 지상 공원'은 매우 큰 장점이라고 생각합니다.

다산신도시 택배사건에서 보듯이 지하주차장 층고가 2.7m이상으로 시공되지 않으면 지상공원형 아파트라고 하더라도 결국 지상으로 차량이 드나들 수 밖에 없지요.

4인 4색 부산 부동산 단톡방 엿보기

"택배대란 3년...택배사도 주민도 포기했다" 다산신도시 가보니 [르포]

3년 전 택배대란 다산신도시
1000세대 넘지만 거점은 2~3곳뿐
실버택배 무산 후 해결책 마련 못해

방영덕 기자 | 입력 : 2021.04.29 07:13:13 | 수정 : 2021.04.29 08:38:48

△26일 경기도 다산신도시에 위치한 아파트 전경. 택배차량의 지상도로 진입이 금지돼 한 택배기사가 손수레로 택배를 나르고 있다. [사진 = 이상현 인턴기자]

"아무도 이걸 해결하려고 안 해요. 포기했어요."

_ 다산신도시 택배 기사

01. 더샵센텀파크(메인테마 : 학군지)

센텀파크가 좋은 점은 단지 구성이 11자 배치인 점도 장점 같아요.

11자 단지 배치는 외부에서 보기에 더 웅장하게 보이고 내부에서 보면 더 깔끔한 단지 배치로 보여집니다. 거기다 데크층에 차가 다니지 않았는데 입주 18년 차 아파트라 하니 놀랍습니다. 18년 전에 센텀파크에는 무슨 일이 있었던 겁니까?

2005년식 아파트가 지상에 차가 다니지 않는 단지라니 정말 놀랍네요. 과거에는 어땠는지 모르겠지만, 현대의 젊은 부모들은 아이의 교육과 안전을 더욱 더 중요하게 여기는 것 같습니다.

"등교할 때 길 하나 건너는게 그렇게 문제 될 일이야?"

"단지 내에 차가 다니면 좀 더 조심하면 되지"

이런 생각들이 과거에는 용인이 되었다면, 현재는 그렇게 생각하지 않는 분들이 더 많은 것 같네요.

좀 심한 경우에는, '나는 단지 내에 차가 다니는 아파트는 안갈거임' 이라고 배제시켜버리는 수요도 있기 때문에, 이러한 공원형 단지 아파트의 가치는 더 높아지는 것이겠지요.

4인 4색 **부산 부동산** 단톡방 엿보기

 격하게 공감합니다.

자녀가 없는 분들은 가볍게 여길 부분일수도 있으나, 자녀가 있는 분들은 결코 포기할 수 없는 부분이 바로 자녀들의 교육과 안전 문제죠. 그래서 자녀들을 교육시키기에 좋은 환경을 갖추고 있고 학교를 안전하게 다닐 수 있도록 설계된 센텀파크의 인기는 꾸준할 것으로 예상됩니다.

학군지로서의 매력만큼 저는 센텀시티 생활권에서 살 수 있다는 점이 무엇보다 좋았습니다. 몰세권이라고 하죠? 신세계백화점을 편하게 이용할 수 있으며 아파트 상가에는 스타벅스를 비롯한 카페, 베이커리, 대형마트, 은행, 김밥집, 반찬가게 등이 다양하게 입점되어 있어 입주민들의 만족도가 높은 편입니다.

또한 APEC 나루공원에서 민락수변공원까지 이어지는 갈맷길을 걸으며 멋진 수영강변을 감상할 수 있는 것도 큰 장점이라고 생각합니다.

이러한 센텀시티 생활권의 프리미엄도 가격 형성에 중요한 요인이 된다고 생각하시나요?

신세계 백화점은 사실 좀 멀지 않나요ㅎㅎ

01. 더샵센텀파크(메인테마 : 학군지)

_ 센텀파크에서 신세계백화점까지 거리

 비록 신세계백화점까지 도보로 멀긴 하지만 생활권 내 가깝게 있다는 것 자체가 좋은 입지라는 증거죠.

서부산에 살았던 저로서는 해운대까지 주말 이동이 항상 차가 막혀서 힘들었는데 차막힘없이 센텀 생활을 누릴 수 있다는 건 엄청난 장점입니다. 토요일 황령산 터널 지나는 순간 확마~ 운전대 다시 돌리고 싶어요!!

>  사실 좀 멀긴 하죠 ㅎㅎ 하지만 꼭 도보가 아니더라도 대중교통 1~2정거장, 자차 10분 내 그러한 대형상권을 이용할 수 있다는 것은 분명히 큰 메리트입니다. 더군다나 그 상권이 전국구 네임드인 센텀시티 상권이니까요.

> 남들은 힘들게, 어렵게 하는 것을 본인은 아주 쉽게 할 수 있을 때 사람들은 만족감과 우월감을 느끼는데요. 이러한 심리는 부동산에도 그대로 투영되죠.

> 남들은 마음먹고 부산여행까지 와서 방문하는 곳을 나는 내 집 드나들 듯 아주 쉽게 접근할 수 있다는 것 그 자체가 결국 프리미엄으로 이어진다고 봅니다.

> 그만큼 물가가 비싸고, 소형상권이 상대적으로 부족하다는 점도 있다고 하던데요. 글쎄요 ㅎㅎ 센텀시티 상권이 가깝다면 뭐... 그 정도는 충분히 이해해 줄 수 있을 듯?

> 맞아요. 남들은 주말에 시간내서 오는 일정이지만 나는 집에서 조금 걸어서 산책 나가는 기분으로 백화점 상권을 이용하게 된다면 편리하고 기분 좋죠.

01. 더샵센텀파크(메인테마 : 학군지)

하지만 교통에 있어서 조금 불편한 것은 사실입니다. 지하철 2호선 센텀시티역과는 다소 거리가 있고, 동해선 센텀역 개통으로 부전역과 울산 태화강역까지 빠르게 이동할 수 있게 되었지만 배차간격이 지하철만큼 자주 있지 않는 것이 아쉬운 점입니다. 또한 2005년 입주로 올해 18년차를 맞이한 만큼 연식의 한계도 분명 존재합니다.

학군지, 센텀시티 생활권의 프리미엄, 앞으로의 호재(해운대구 신청사, 만덕-센텀대심도 등)에 대한 기대와 연식의 한계를 감안하였을 때 앞으로 더샵센텀파크의 미래가치는 어떻게 될까요?

개인적으로 대중교통이 큰 의미가 있는 아파트는 아니라고 생각합니다.

다소 연식이 오래된 아파트이긴 하지만 기본적으로 지상공원화 등이 갖춰진 아파트이기 때문에 공용부 리모델링과 내부 리모델링으로 앞으로도 살기 좋은 아파트로서의 위치는 계속 유지할 것 같고요.

다만 최근처럼 가격이 지나치게 오른 상태라면 조금 망설여질 것 같습니다.

4인 4색 부산 부동산 단톡방 엿보기

센텀과 학군이 가지고 있는 센텀파크의 대체 불가능의 입지는 앞으로도 찾기 힘들 것 같습니다.

다만 현재 시세는 부산 평균 이상으로 상승을 했기에 추가 상승이 있으려면 앞으로도 부산 전체적인 추가 상승이 필요하고 부산 추가 상승이 된다면 물가 상승 분 이상으로 계속 오를 수 있는 단지라고 생각합니다.

앞서 학군을 중점적으로 이야기했었는데요.

학군 외적으로 이 아파트가 가지는 가장 주요한 특징은 '랜드마크급'이라는 것입니다. 한마디로 눈에 확 띈다는 것이죠. 이 부분 역시 아주 중요하다고 말할 수 있어요. 도로에서 눈에 잘 띈다거나, 유명한 관광지 바로 옆에 있어서 누구라도 그 건물을 알게 된다면, 이 부분 역시 가치에 반영된다는 것이죠.

부산을 대표하는 해운대구의 브랜드 대단지 아파트, 그리고 부산 실거주자도 선호하는 아파트이다보니, 부산 집값의 바로미터로 생각하는 분들이 많습니다.

연식을 거듭할수록 상품성은 떨어지겠지만, 부산에 상승 사이클이 왔을 때 외지인들이 가장 먼저 찾게 되는 해운대구의 랜드마크 아파트라는 점에서, 앞으로도 충분히 리딩할 수 있는 아파트라고 생각합니다.

01. 더샵센텀파크(메인테마 : 학군지)

_ 센텀파크 눈에 띄는 외관

대체 불가능의 입지, 정말 공감합니다. 입지는 영원하다는 말이 있죠? 주위를 둘러봐도 더샵센텀파크를 대체할 입지의 아파트가 그리 많아보이지 않아요.

그리고 해가 거듭될수록 오래된 연식으로 까이겠지만, 우량주의 느낌으로 부산 부동산 시장의 상승기때마다 물가 상승률 이상으로 오를 수 있는 아파트가 될 것이라 예상됩니다.

■ 4 인 4 색 부 산 부 동 산 단 톡 방 엿 보 기 ■

수영현대
(메인테마 : 몸테크, 재건축이슈)

◎ 위　치 : 부산 수영구 수영동
◎ 준　공 : 1988년 6월
◎ 세대수 : 1,180세대(총 11개동)

　태박이　　유동닉　　연산댁　부산빠꾸미

 이번에 소개할 아파트는 수영현대아파트입니다.

신세계 백화점에서 수영강을 바라볼 때 동간 간격이 아주 혜자스러운 아파트가 하나 보이는데 그곳이 바로 수영현대아파트입니다.

1988년식으로 연식은 오래되었지만, 강하나 건너면 센텀 생활권을 누릴 수 있다는 것만으로도 아주 매력적인 곳이죠.

4인 4색 **부산 부동산** 단톡방 엿보기

 수영현대아파트는 최근 1년동안 30평 기준 평균 6억대에서 신고가 13억(2021년 6월)까지 찍어버렸네요. 짧은 기간동안 2배 가까운 상승이 있었던 것인데, 가장 큰 이유는 뭐라고 생각하시나요?

다들 답은 아실 듯한데… 답은 '규제완화' 아니겠습니까.

재건축에 대한 규제가 서서히 완화되면서 수영현대 아파트가 주목받았던 걸로 기억을 하고 있고, 이는 어쩌면 당연한 결과라고 생각합니다.

이제 정권이 바뀌었으니 또 다른 변화가 예상되긴 합니다.

 이건 제 유료 강의에서만 알려주는 건데 사실 들어보면 별것 아닌 것 같으면서도 맞네 하는 포인트입니다.

저는 어떤 부동산시장(도시)가 상승장에 접어들면 어느 상품을 누가 사느냐가 중요하고 그 시기와 상품에 따라서 아파트의 상승률은 다르다고 보는데요.

02. 수영현대(메인테마 : 몸테크, 재건축이슈)

처음에 어떤 시장이 하락장에서 상승장으로 접어 들었을 때 가장 먼저 관심을 가지고 투자를 하는 주 구매 고객층은 전국 투자자라고 봅니다.

저 역시도 19년 8월에 대연동에 투자를 한 케이스인데 이 때가 부산이 100주 넘는 하락장인 상황이었죠. 부산 대표 부동산 카페에서도 매일 부산은 노인과 바다라서 수요층이 없어서 더 떨어진다라는 하락론이 더 우세한 시기였습니다.

그런 시기에 제가 왜 투자를 했느냐? 바로 전국 투자자들이 부산 부동산을 저평가로 보고 있고 저 역시도 부산의 대표 아파트가 6억대에 머물로 있는게 상대적으로 저평가로 보였기 때문에 투자를 했습니다.

이 전국 투자자들이 제일 먼저 투자를 진행하기도 하지만 가장 관심을 가지는 대상이 재개발, 재건축, 그리고 신축 단지입니다.

수영현대도 입지가 좋은 재건축 추진단지이지요. 그리고 이 단지들은 전국 투자자의 관심 뿐만 아니라 지역 투자자, 지역 실수요자들의 관심도 많은 단지입니다.

이런 상황에서 상승장에 접어들면 이 모든 매수 수요가 한번에 몰리는데 상승 분위기에서는 매물이 없기 때문에 호가가 실거래가가 되는 현상을 경험합니다. 이번 상승장에서 수영현대 거래가의 모습이었죠.

4인 4색 부산 부동산 단톡방 엿보기

상승 사이클과 투자수요, 그리고 투자수요층이 가장 선호하는 입지의 재건축 추진 단지였기에 많이 상승했다고 생각합니다.

수영현대 뿐만 아니라, 이번 상승장에서는 부산의 거의 모든 아파트가 비슷한 상승세를 보여줬습니다. 예시로 해운대 삼호가든도 아주 비슷한 움직임을 보여주었는데요. 이와 관련하여 저는 이번 상승장을 보며 한가지 느낀게 있습니다.

"부산광역시라는 도시 안에서 아파트끼리 아주 촘촘하게 레벨링이 되어있고, 서로 서로의 시세에 연결되어 있구나. 유사한 입지 수준이라면 결국 유사하게 시세가 움직이는구나. 그리고 이것은 부산광역시 아파트에서만 한정되는 것이고 아니고, 도시와 도시의 비교에서도 촘촘하게 연결되어 있구나"

수영현대가 가격이 오른 이유는 해운대의 아파트가 올랐기 때문이고, 또 해운대 아파트가 오른 이유는 수영현대가 올랐기 때문입니다.

다만 이러한 상승장에서 거래가 팍팍 이뤄지며 신고가를 찍기 위해서는 투자자 혹은 실수요자의 선택을 받아야겠죠. 수영현대처럼 오래된 재건축 아파트는 전세가가 매우 낮기 때문에 전세를 끼고 아파트를 사는 갭투자는 다소 어렵습니다. 따라서 상승장에서 수영현대의 신고가를 찍어준 사람은 실거주를 하는 실수요가 많을 거에요.

02. 수영현대(메인테마 : 몸테크, 재건축이슈)

결국 센텀시티를 곁에 둔 좋은 입지에서 멋진 조망권을 볼 수 있는 아파트이기 때문에 실수요자들의 선택을 받을수도 있었고, 해운대 아파트 시세와 연동하여 같이 동반상승을 할 수 있었다고 생각합니다.

_ 수영현대 & 삼호가든 시세 그래프

네, 아무래도 수영현대아파트 위치가 수영강을 끼고 있고 센텀 생활권에 가깝기 때문에 인프라를 즐길 수 있는 것이 가장 큰 장점이라고 생각해요. 또 바로 옆으로 마린시티와 광안리 바닷가로 이어지기에 해변가 아파트라고 봐도 무방하겠죠.

제 지인 중 한분도 호시탐탐 급매물을 노리고 있다가 이것저것 놓치고 배액배상의 아픔을 한번 겪은 후 결국 8억대로 매수하셨어요. 그 당시 6억대에서 8억대까지 갔을 때도 엄청난 상승이라 생각했었는데, 지금은 넘볼 수 없는 가격이 되었네요…그저 부럽습니다 ㅎㅎㅎㅎ

재건축 될 때까지 몸테크할 각오로 들어간다는데 이처럼 요즘에는 실거주와 투자를 한방에 할 수 있는 몸테크족(몸+재테크)도 많아진 거 같아요. 아무래도 오래된 아파트이기때문에 전세가가 매우 낮아 갭투자는 어렵고 직접 들어가 사는 경우가 늘어나서겠죠?

투자의 관점에서 몸테크(노후 주택에 실거주하며 재개발이나 재건축을 노리는 투자 방법), 어떻게 보시나요? 그리고 몸테크 가능하실까요? ㅎㅎ

02. 수영현대(메인테마 : 몸테크, 재건축이슈)

투자의 관점에서 몸테크가 유효한 방법일 수는 있겠지만, 저는 개인적으로 몸테크는 현재를 팔아 미래를 사는 행동이라 생각하기 때문에 선택하지 않을 방법입니다.

몸테크의 범위를 설정하기 나름이긴 합니다만, 자신의 현재 생활 수준을 희생해서까지 얻게 될 큰 미래의 과실이 불확실하다는 점도 불안한 점이죠.

무엇보다, 지금 현재 시점에서 누릴수 있는 것, 만약 자녀들이 있다면 조금더 쾌적한 생활환경에서 모나지 않은 삶을 누리는 것 자체가 모두 행복일진데, 10년이 걸릴지 20년이 걸릴지 모르는 재건축을 기다리는 것은 도박이 아닌가 싶어요.

몸테크 좋아서 하는 사람이 있을까요? ^^

몸테크를 하는 이유는 투자는 해야겠고 자금이 부족한 사람들이 어쩔 수 없이 선택하는 방법이라고 생각합니다.

유동닉님이 선호하시는 입지가 좋고 신축의 경우에는 이미 가격이 대부분 시장 상황에 맞게 반영이 되는 경우가 많습니다.

4인 4색 **부산 부동산** 단톡방 엿보기

부산같이 상승장을 경험한 시장에서는 이해가 안되는 상황일지 몰라도 보통은 몸테크는 재건축 추진 단지나 아니면 재개발을 추진하는 지역의 일명 썩빌(썩은빌라)에서 사는 걸 말하는데 이런 곳 특징이 전세가가 얼마 나오지 않는다는 특징이 있습니다.

반대로 투자가치 즉 미래에 오를 요소로 보면 시간만 흐르면 신축이 되면서 가격 상승이 신축보다 더 오를 여지가 많습니다.

이때 투자와 실거주를 다 만족하려면 신축에 전세나 월세로 살면서 재개발 재건축에 투자를 하는게 제일 좋지만 실거주 할 전세 자금이 나오지 않을 때 전세금이 얼마 안 나오는 곧 재건축에 들어가는 낡은 아파트나 썩빌에 들어가 몸으로 떼우게 되는 거지요.

저는 어느 정도 자산 증식이 되기 전까지는 이런 방법도 좋다고 생각합니다. 실제로 저도 80년대 지어진 서울의 아파트에 살다가 신도시 신축에 살게 됐는데 삶의 질이 확 높아지고 좋아짐을 알게 됩니다.

처음부터 신축에 살면 이런 업그레이드 하는 재미도 없지 않을까요?

02. 수영현대(메인테마 : 몸테크, 재건축이슈)

네, 몸테크.. 저는 아주 현명한 방법이라 생각해요. 지금 입주하는 신축 아파트는 분명 시간이 지나면 연식이 쌓일테고.. 입지가 좋은 구축 아파트의 경우 재건축 연한이 다가오고 사업이 빨리 진행된다면 결국 새 아파트로 탈바꿈할테니까요. 그때쯤 되면 가격도 넘볼 수 없는 가격이 될테고 그전에 미리 입성하여 그 아파트가 가진 입지의 장점을 누리며 새아파트가 될때까지 기다리는 거죠.

저는 신축 아파트 전세로 신혼생활을 시작하였고, 재계약 갱신 실패로 1990년대 아파트로 이사온 케이스인데요. 처음에는 부동산에 대한 엄청난 열정으로 몸테크가 가능하다고 생각했었어요... 하지만 이미 신축이라는 신세계를 맛본 이후라 몸테크는 힘들 것 같아요.

가장 아쉬운 점이 지하주차장 부분입니다. 제가 사는 곳은 지하주차장은 있지만 아파트와 연결이 되어있지 않아서 비가 오거나 짐이 많은 날에는 불편하죠. 아기가 태어난다면 유모차 등 짐이 더 많아질텐데 이런 부분때문에 꺼려지는 것 같아요.

또한 구조매니아인 제 남편의 경우 현재 삶의 질을 아주 중요시 여기는 사람이라 몸테크는 절대 안된다고 하죠. 이렇듯 몸테크를 하기에는 배우자와의 합의도 중요한 부분이라 생각됩니다.

 저도 투자 관점에서 몸테크는 아주 좋다고 생각해요. 원래 투자라는게.. 안좋은게 좋은걸로 바뀌는 것이 가장 수익율이 큰 법이잖아요.

그런데 그 전에 몸테크를 하기 위한 전제조건이 있어요. 앞서 연산댁님이 말씀하셨듯이 부부가 모두 찬성하고 각오가 되어있어야 한다는 것이죠. 이건 정말 중요한 부분입니다.

단순히 투자 관점에서만 접근해서 한명의 반대를 무릅쓰고 몸테크를 했다가는 정말 불행해질수도 있습니다. 샤워기에서 녹물이 나오고, 매일 주차전쟁에 시달리고, 지하주차장은 없어서 비를 맞으며 차에서 짐을 꺼내야하고 이것이 부부싸움의 원인이 된다면.. 생각보다 많은 문제에 봉착할 수 있죠. 특히 아이가 어리거나 신생아라면 더욱 그러할 것입니다.

따라서 부부 2명 모두가 현재의 불편함을 미래의 수익과 바꾸겠다는 마인드셋이 있어야지, 서로 으쌰으쌰하고 행복한 몸테크가 될 수 있습니다.

개인적으로 저도 여건이 된다면 몸테크 계획이 있습니다. 해운대센트럴푸르지오에서 살다가 수익실현이 되면 마리나 라인의 50~60평대 대형평형으로 옮기고 싶은 꿈이 있습니다. 이러한 구체적인 꿈을 꿀 수 있었던 이유는, 의외로 제 아내가 먼저 이렇게 제안을 했기 때문이에요.

02. 수영현대(메인테마 : 몸테크, 재건축이슈)

제 아내처럼 불편함을 감수하고도, 수익을 챙기고 성취를 이뤄나가겠다는 투자마인드가 갖추어져 있다면 충분히 해낼 수 있습니다.

실제로 제가 유튜브 촬영하며 다녀본 구축들도, 내부는 인테리어를 하니까 오히려 신축보다 더 멋지고 공간도 잘 빠져서 실거주 만족도가 높은 모습을 볼 수 있었습니다.

부부가 일심동체로 불편함을 감수할 수 있고, 아이가 다 커서 손길이 많이 필요하지 않다면 몸테크도 적극적으로 생각해보시기 바랍니다.

특히 요즘과 같이 20~30평대가 주력으로 만들어지는 시장에서, 50~60평대의 재건축 아파트는 대지지분, 실거주, 희소성 등 모든 측면에서 유리하므로, 훗날 멋진 보상을 가져다줄 수도 있다고 생각합니다.

저희 와이프는 역세권 준신축 아파트에서 비역세권 신축 아파트로 이사온 것도 몸테크라고 말하는 터라ㅎㅎㅎ 저희 부부는 그 점에서는 일치하는 듯 합니다.

그나저나 재건축과 재개발은 도대체 무슨 차이인가요. 수영현대는 왜 재건축이고, 거제 래미안은 재개발인건가요.

4인 4색 **부산 부동산** 단톡방 엿보기

쉽게 생각해서 주거여건이 상대적으로 양호한 낡은 아파트를 허물고 신축으로 짓는 걸 재건축이라 하고 주거 여건이 안 좋은 주택지를 허물고 신축 아파트를 짓는 걸 재개발이라 합니다. 디테일하게 따지면 다른 점도 있지만 간단하게 설명하자면 그렇습니다.

재건축이 같은 컨디션의 아파트와 소유주들이 추진을 하기에 속도는 빠르지만 수익은 상대적으로 낮고 재개발의 경우 토지 소유주의 각자 이해관계가 더 복잡해서 사업의 속도가 상대적으로 느리지만 성공시 더 많은 이익을 가져다 주기도 합니다.

자세한 사항은 이따 설명드릴 '재개발과 재건축의 비교 by 부산 빠꾸미'에서 설명 드릴께요.

네, 빠꾸미님이 설명 잘 해 주셨네요~

저는 거제 레이카운티(거제2구역) 근처 아파트에서 10년 넘게 거주했던 적이 있어요. 그 때 한창 거제2구역 재개발 이야기가 많았고 재개발 입주권 매물 등등 이야기가 있었는데 재개발에 대한 지식이 전무했던 저는 신축 아파트를 받을 수 있는 권리라는 걸 모르고 사기 당하는 건줄만 알았어요. 그때 제대로 알고 투자 했었더라면 내년쯤 레이카운티 입주민이 되었을 수도 있었겠네요.

그럼 다시 수영현대아파트로 넘어와서 아쉬운 점은 어떤 점이 있을까요?

02. 수영현대(메인테마 : 몸테크, 재건축이슈)

최근 이사 간 지인의 이야기를 들어보니 주차 공간이 부족하다는 이야기를 들었어요. 이 부분은 수영현대아파트뿐만 아니라 재건축을 바라보는 아파트들이 가진 아쉬운 점들이라 생각드는데요.

모 전직대통령께서 하신 유명한 말이 있지요.

'나한테 당해보지도 않고…'

결국 실생활의 불편함은 직접 겪어보아야 하는 것입니다.

저는 주차난이 심한 아파트에 살아본 적은 없어서 완전한 경험이라고 보긴 어렵지만, 세대당 주차대수 1.5대의 역세권 아파트에서 살다가 세대당 주차대수 1.3대의 비역세권 아파트로 이사오고 나니, 아무리 최신축이라고 하더라도 주차난은 말 그대로 한계가 느껴지더라고요…

아무리 법규에 딱 맞춰서 짓는다고 하지만 신축들이 최소 기준만을 맞춰서 주차면을 확보하다 보니, 1가구당 2대의 자가용을 운용하는 경우가 많은 최근의 상황에서는 주차문제가 심각하더라고요.

신축아파트에서 고급화를 지향한다고 하면서도 충분한 주차공간을 확보하지 않는 것은 결국 땅파기 비용 절감 때문이지요.

4인 4색 **부산 부동산** 단톡방 엿보기

> 그런 의미에서 최근에 지어지는 아파트들의 경우 세대당 1.5대 이상의 주차공간을 확보하는 것이 고급화의 기준으로 제시되기도 합니다.

> 일부 아파트의 경우 기둥 사이에 2대 만을 주차면으로 설정하거나 기둥 디자인을 곡선으로 두는 등 차별화를 하기도 하지요.

> 아무튼 본론으로 돌아가서…수영현대아파트의 경우 주차 역시 불편할 것으로 예상되어 저는 몸테크는 도무지 무리입니다ㅠㅠ

> 맞아요. 세대당 주차대수를 살펴보는 것도 중요하지만, 차를 여러대 소유하는 가구가 많은지를 알아보는 것도 중요해요. 아파트 단지를 둘러볼 때 주차장도 함께 둘러본다면 주차장 여유가 어느 정도 있는지 가늠할 수 있겠죠.

> 수영현대의 대표 단점으로 뽑는 것은 초등학교가 조금 멀다는 점

> 초등학교 뿐만 아니라 중고등학교 학군도 현재 아파트 가격대비 그렇게 좋지 않다는 점이 단점이 아닐까 하네요.

02. 수영현대(메인테마 : 몸테크, 재건축이슈)

그리고 주차 환경이 좋지 않다는 건 재건축 추진 단지가 모두 같으니 말할 필요도 없을 것 같고요.

학군은 앞으로 수영현재가 재건축 된다면 인근 신축과 함께 새로운 신흥 학군을 만들면서 좋은 환경을 만들 수 있다고 생각합니다.

마지막으로 수영현대아파트의 전망은 어떻게 보시나요? 재건축의 꿈은 언제쯤 이루어질 수 있을까요?

수영현대의 입지는 사실 말할 필요도 없이 좋습니다. 혹자 or 입주민은 수영현대의 입지는 압구정현대와 비교할 만하다 라는 말도 남겼는데요.

이때 수영현대 입주민들은 무릎을 탁 치면서 박수를 치며 공감을 했고 부동산 카페의 타 단지 사람들은 장난하냐라는 반응으로 날선 반응을 보였다고 하는데요.

제 3자의 입장에서 보면 각자의 주장이 일리가 있습니다.

먼저 수영현대의 입지는 압구정현대와 비교할 만큼 부산 내에서는 엄청난 강점을 가졌고 거기다 수영강뷰가 나오는 강뷰에 센텀 생활권을 누리는 입지까지..

4인 4색 **부산 부동산** 단톡방 엿보기

재건축 아파트로서 좋은 장점을 다 가진 아파트라 볼 수 있습니다.

다만 압구정현대와 비비기에는 아쉬운 점은 압구정현대는 대한민국에서 가장 좋은 재건축 아파트이고 현재 학군도 좋죠.

앞서도 말했지만 수영현대는 학군이 아쉽고 학군이라는 건 하루아침에 이뤄지는 게 아니기 때문에 쉬운 문제는 아니라 봅니다.

재건축 추진의 단계는 섣불리 예측이 가능한게 아니기 때문에 이건 예측의 영역이 아니고 현재 시점에서 투자로 가격이 적절하느냐라는 관점에서 보면 투자로는 좋은 상황은 아니라고 생각합니다.

언제 투자 하기가 좋냐면 가격이 지금처럼 조금 조정이 되거나 하락이되면 장기적인 관점에서 투자를 하기 좋은 시기라고 생각합니다.

지난 2021년 9월, 모두가 낙관했던 수영현대 안전진단 적정성 평가가 C등급을 받으면서 재건축이 불가하다는 판정을 받았었지요. 서울의 사례에서도 볼 수 있듯이, 재건축 아파트의 미래, 탈바꿈 시점은 언제가 될지 예상이 어려운 것 같습니다.

02. 수영현대(메인테마 : 몸테크, 재건축이슈)

하지만 입지좋은 대단지 재건축 아파트는 언제나 사람들의 마음속에 좋은 투자재로 남아있습니다. 이번 상승장에서도 확인했듯이, 재건축아파트 시세 역시 그 지역의 아파트들과 연결되어 있습니다.

따라서 재건축아파트에 투자 혹은 실거주 겸 투자를 한다면, 그 아파트가 꼭 재건축으로 완성될때까지 기다려보겠다는 생각보다는, 안전진단통과/사업시행 등 변곡점에서의 시세상승분을 취하고, 이를 발판삼아 상급지로의 이동 또는 평수넓히기를 하겠다는 생각으로 임하는 것이 더 마음이 편할 것 같습니다.

재개발과 재건축의 비교

구분	재건축	재개발	비고
근거법령	도시 및 주거 환경 정비법		신도시: 공공주택특별법
안전진단	○	×	
조합원조건	건축물, 부속토지	토지 또는 건축물 지상권자	
임대주택 의무	상한용적률 법정상한 용적률의 차이 50%	전체 세대수의 15% 이상	시도 조례에 따라 다름
개발 부담금	재건축부담금 부과	×	
기반시설 기부채납	상대적 적음.	상대적 많다.	
사업진행	비교적 빠름	비교적 느림.	
수익성	비교적 적다.	비교적 크다.	

강의 때 재개발 재건축 설명을 할 때 쓰던 표인데 저는 수강생들에게 가장 먼저 질문하는게 이겁니다.

여러분이 재개발 재건축에 관심이 있다면 여기에 몇년을 투자 할 생각으로 투자를 하시는지요?

재개발 재건축의 프로세스와 수익의 구조를 이해 하려면 반드시 알아야 하는 게 바로 이겁니다.

그리고 표를 하나 더 보여주죠.

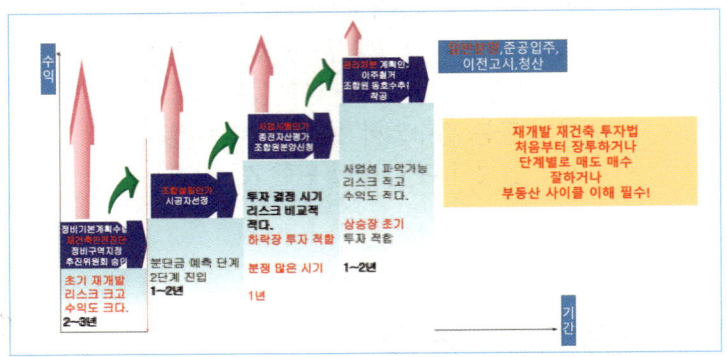

재개발 재건축의 투자의 과정은 인고의 시간과 다른 곳에 투자를 할 수 있는 기회비용을 날리는 것이니 투자에 더욱 신중을 기해야 한다고요.

그리고 단계별로 수익을 남기면서 투자를 하겠다고 한다면 그 정도 할 수 있는 실력이라면 이미 당신은 부동산 투자에서 중수 이상의 실력을 가진 사람입니다.

그만큼 재개발 재건축 투자는 내 예상대로 진행 되지도 않고 변수도 많으며 리스크도 크지만 반대급부로 성공 한다면 수익도 크다고 볼 수 있습니다.

재개발과 재건축만 비교를 하자면 재개발이 더 리스크가 크고 수익이 더 크죠.

02. 수영현대(메인테마 : 몸테크, 재건축이슈)

쉽게 말해서 재개발은 낙후된 원도심 주택가가 철거 되어 신축 아파트가 되어 가는 과정이고 재건축은 낮은 층의 오래된 아파트를 철거 하여 신축 고층 아파트로 만들어 가는 과정이라 설명 드릴 수 있습니다.

재개발은 주택의 형태나 상가등 다양한 이권과 형태가 함께 추진 되다보니 이해관계가 더욱 복잡해서 진행 과정은 더 많이 걸리고 리스크가 크지만 진행이 다 됐을 때 수익이 크고 재건축은 비슷한 평수 비슷한 컨디션의 오래된 아파트를 진행 하기에 사업 추진이 상대적으로 빠르고 대신 수익은 적은편이라고 보면 됩니다.

그래서 난이도가 낮고 비교적 리스크가 적은 재건축부터 투자를 하는 게 경험상 좋고 재건축도 사업시행 인가 이후 단계에 있는 재건축에 투자를 하는 게 좋습니다.

사업이 많이 진행 될 수록 수익은 낮아지는 구조조.

대신 시간이 돈을 만들어 주는 구조니 여유 돈이 많고 시간이 수익을 만들어 주는 투자를 하고 싶다 라면 입지 좋고 사업성이 좋은 재개발 재건축을 공부해서 하락장에 투자를 한 후에 신축이 될 때까지 인내 한다면 많은 수익을 낼 수 있을 겁니다.

예를 들어 저희 어머니가 사상구 덕포동에서 오래 거주하셔서 살던 곳이 재개발이 됐는데 그게 덕포1재개발 구역이었고 지금은 사상중흥으로 아파트가 지어지고 있는 곳입니다.

여기에 2000년 중반에 시공사가 GS건설로 선정되어 강선대자이로 진행이 될 예정이었는데 비대위가 생겨서 시공사를 엎는 바람에 사업이 10년이 지연됐습니다.

그리고 중흥건설에서 진행을 하게 됐는데 10년만에 사업이 다시 진행되어 관리처분까지 진행 됐는데 이때 부동산에서 3억 5천에 매수 한다는 투자자가 있어 어머니가 팔고 싶어 했는데 제가 조금만 더 기다리면 더 많은 수익이 있을 것이다라고 했습니다. 관리처분인가가 났다는 말은 곧 이주가 시작되고 철거 한 후에 일반분양 되고 아파트가 짓기 시작 된다는 말이니 지금 파는 건 아니라고 생각한 거죠.

4인4색 **부산부동산** 단톡방 엿보기

84타입+59타입 즉 35평과 25평 1-1 을 받을 수 있었는데 현재 2개 평형대 시세가 35평은 7억 25평은 5억이 넘으니 추가 분담금을 제외 하더라도 그 때 팔았다면 7억의 시세 차이를 놓칠 뻔 했던 것이죠.

그만큼 투자자는 그 사업의 진행단계와 리스크를 다 파악을 하고 리스크 대비 수익이 얼마나 되는지 판단이 가능해야 재개발 재건축 투자가 가능해 지는 겁니다.

그리고 재개발 재건축에 투자를 한번 하면 최소 10년은 걸리니 이 때 다른 투자를 할 기회도 잃어(비과세 전략 못함) 버리는데 투자를 할 때 더 신중해야 하는 이유기도 합니다.

 by 부산빠꾸미

■ 4 인 4 색 부 산 부 동 산 단 톡 방 엿 보 기 ■

연산롯데캐슬골드포레
(메인테마 : 원도심 내 대규모 재개발)

◎ 위　치 : 부산 연제구 연산동
◎ 준　공 : 2020년 7월
◎ 세대수 : 1,230세대 (총 11개동)

03

태박이　유동닉　연산댁　부산빠꾸미

이번에 소개할 아파트는 연산롯데캐슬골드포레입니다.

2020년 7월 입주한 신축 아파트로 연제구 연산동에 위치하며 부산진구 양정동과 매우 인접해 있습니다. 연(산)-양(정)라인이라고도 하죠?

연산동과 양정동 일대의 노후 주택들이 재개발되어 새로운 아파트들이 들어서며 신흥 주거벨트로 기대되는 곳인데요. 이 아파트와 관련된 이미지나 썰이 있나요?

저는 연산-양정 라인하면 연산댁밖에 생각이 안나네요. 태박이 유튜브에 나오셔서 낭랑한 목소리에 핑크색 점박이 원피스 입으시고 자기꺼 띄우기부터 시작해서 여러가지 썰까지 푸는 모습에 참 재밌게 봤던 기억이 있는데 또 같이 책도 써보니 더 재밌고 유쾌하신 분이었네요. ㅎ

농담이구요. 사실 연-양라인하면 양첸이라고 하는 양정 KCC, 양정1구역, 양정3구역, 롯데캐슬 골드포레 등이 생각나죠.

실제로 지인 투자 건 때문에 골드포레 입주장 때 임장도 돌았는데 아직도 입구의 웅장한 문주의 모습이 생생하네요.

당연히 태박님 동영상… 말많은 연산댁…묘세권… 그리고 마지막으로 아깝다…입니다

제가 사실 부동산에 관심을 기울이기 시작한 시기가 이른바 부산 아파트 중 신축 및 분양권 아파트 가격만이 급등하던 2020년 무렵이었는데요. 그전까지는 사실 아파트 가격에 별관심이 없었기 때문에, 지인들이 제가 사는 아파트 가까이 생기는 신축 아파트들의 분양권을 매수하였다는 이야기들을 할때마다 대수롭지 않게 여기면서 '지금 여기서 살기 좋은데 굳이…'라는 생각을 했던 기억이 납니다.

03. 연산롯데캐슬골드포레(메인테마 : 원도심 내 대규모 재개발)

사실 그 무렵에도 부동산에 관심 있던 사람들은 촉진4구역, 촉진3구역, 대연3구역, 양정3구역 등 재개발 입주권, 분양권 등을 매수하고 지금은 다들 만족하고 있지요.

아무튼 제가 만약 그보다 6개월 정도만 일찍 관심을 가졌더라도 롯데캐슬 골드포레 입주민이 되어 있었을 텐데…

그무렵에는 부동산에 큰 관심이 없었기에 지나가면서 이 고개에서 누가 산다고…라고 생각하면서 지나간 과거를 반성합니다…

저는 이 아파트를 보며 "아파트는 까이면 까일수록 가격은 오른다" 라는 말을 실감했답니다. 연산롯데캐슬골드포레의 경우 서면 아이파크와 비슷한 시기에 분양했지만, (그 당시) 다소 높게 측정된 분양가와 묘세권으로 엄청나게 까이다가 결국 줍줍까지 갔었죠.

저는 그때 부린이시절이었지만, 부산 원도심내 주택들이 신축아파트로 지어져 신흥 주거벨트가 이루어기에 아파트의 미래 가치는 충분하다고 생각했어요. 그리고 브랜드, 대단지, 초품아 등 장점이 많은 아파트라 꼭 하나 잡고 싶었어요.

4인 4색 부산 부동산 단톡방 엿보기

> 살두님(태박이 와이프)과 줍줍날만을 손꼽아 기다렸는데 대망의 줍줍날 살두님이 아기 진통으로 병원을 가는 바람에 같이 못갔죠. 지금이라면 혼자라도 갔었겠지만 그땐 그만큼의 열정과 용기는 없었던 것 같아요.

> 아쉬운 마음을 뒤로 하고 살두님 산후조리원에 갔는데 살두님 출산가방에 통장과 인감도장이???????? 떡하니 있더라구요. ㅋㅋㅋㅋㅋㅋ 그때 전 살두님과 태박님의 뜨거운 열정과 전투태세를 배웠죠. "아 저런 마음가짐으로 부동산에 임해야 하는 거구나.."

> 그날의 영상을 그대로 재연해 주시는군요ㅎㅎㅎ

> 잊고 있었는데, 듣고보니 기억이 나네요 ㅋㅋ 그당시 저희 부부는 부동산에 미쳐있었습니다. 부동산으로 부자가 되어야겠다는 꿈이 있었죠. 지금은 줍줍이라고 일컫지만, 그 당시에는 '내집마련신청'이라고 했었어요. 모델하우스에서 '내집마련신청'을 미리 해놔야지 잔여세대 줍줍 현장에 갈 수 있는 자격이 주어졌었죠.

03. 연산롯데캐슬골드포레(메인테마 : 원도심 내 대규모 재개발)

> 저희 부부는 부산의 모든 모델하우스를 다 갔었던 것 같아요. 내집마련신청을 접수하고 줍줍현장에 참여하기 위해서였죠ㅋㅋ 실제로도 거의 모든 줍줍 현장을 다 갔던 것 같아요. 그 중에 롯데캐슬골드포레는 출산으로 인해 가지 못했던 것이군요? ㅋㅋ

> 저도 분양 당시에는 롯데캐슬골드포레가 그렇게 좋은지는 몰랐습니다. 사람들이 묘세권이라고 놀리는건 둘째치고, 연산-양정 그 일대를 많이 안가봐서 입지가 그리 매력적으로 안느껴졌기 때문이었죠. 고분양가라는 말도 있고 하길래.. 그냥 당첨되거나 줍줍 성공하면 계약한다는 그런 마음이었던 것 같습니다.

> 저는 그때 현재만 보고, 미래는 볼 줄 몰랐던 것이죠. 연산힐스테이트부터 양정, 더 너머 전포동 라인까지 쭉 이어지는 원도심 신축 주거벨트는 입지를 바꿀 수 있다는 힘을 가진 것을요.

> 아마 그러한 원도심 내 신도시급 신축 주거지의 매력을 알아봤더라면, 피 1천만원 시절에 계약을 했겠죠?ㅋ 현재의 모습이 아닌, 개발계획이 완성되었을때의 미래 모습을 상상해보는 노력을 계속 해야지, 좋은 결과를 가져올 수 있을 것 같습니다. 그래서 현장 임장이 중요한 것이기도 하고요.

4인 4색 부산 부동산 단톡방 엿보기

와 연산댁과 살두님의 부동산투자에 대한 열정이 엄청나네요. 그런 열정 덕분에 오늘의 태박이가 있었지 않았나 봅니다. 나중에 밥 많이 사달라고 하세요. ㅎ

줍줍 썰을 말씀하셔서 저도 분양권 줍줍 썰을 하나 풀자면 제가 최초로 분양 받은 아파트가 다산신도시 아파트였는데 이 당시 저희는 지방에 1억짜리 아파트가 있어서 서울 아파트 당첨에 계속 떨어졌습니다. 지방 아파트는 매도하고 싶어도 매도가 안되는 상황에서 맞벌이라 특공도 안되고 참으로 답답한 상황이었죠.

그런 상황에서 와이프는 부동산 사는 것에 반대하는 대표적인 하락론자였고 저로서는 암울한 상황이었습니다. 그럼에도 계속 투자 공부를 하다보니 기회가 보이더라고요.

바로 내집마련 청약 제도와 11.3대책이었습니다. 내집마련 청약제도는 태박이님 앞선 말씀처럼 모델하우스에 직접 간 사람이 신청한 후 미분양이 될 때 신청한 사람들만 와서 추첨을 하던 제도였습니다. 그때 마침 11.3대책으로 청약 제도가 엄청 까다롭게 나오는 걸 알고 부적격 세대가 많이 나오겠다는 계산하에 다산신도시 아파트에 내집마련 청약을 신청한 후에 12월 29일 영하 10도 아래인 맹 추위에 3시간을 기다려서 당첨된 기억이 있습니다.

03. 연산롯데캐슬골드포레(메인테마 : 원도심 내 대규모 재개발)

그렇게 좁좁한 집이 분양가가 4억초반이었는데 지금은 9억대가 됐습니다.

그때 답이 없다고 포기했다면 지금도 맨날 남탓만 하는 툴툴이가 됐을 겁니다.

오~ 다들 아쉬운 과거를 뒤로 하고 부동산에 대한 무한한 열정과 관심으로 현재까지 오신 거였군요. 저 또한 만만찮은 부동산 흑역사를 가지고 있어요.

제가 결혼했던 2019년 여름은 정말 부동산으로 돈 벌기 좋은 시절이었어요. 부산이 조정지역으로 지정되고 100주 넘게 하락장이 이어지며 합리적인 가격에 신축 아파트를 살 수 있었던 시기였죠.

하지만 부린이 중 부린이였던 저희 부부는 "여기는 이래서 별로다~." "저기는 괜찮은데 가격이 비싸다~." 등등 따지다가 결국 다 놓치고 양정 1구역 재개발 입주권을 매수하게 되었어요~ 지금부터 저희 부부의 부동산 흑역사 히스토리를 들려드릴께요.

우선 결혼을 앞두고 신혼집으로 첫 번째 후보지는 남구 대연동 대연자이였어요. 2018년 겨울 대연자이 분양권을 알아보러 현장 인근 부동산을 발에 땀이 나도록 다녔죠. 그 당시 남구 신축아파트 입주 물량이 아주 많았지만 본격적인 입주장을 앞두고 조정지역이 해제되어 사람들이 미친듯이 몰렸었죠. 맘에 드는 매물을 발견하여 현장 임장도 가서 햇빛이 잘 들어오는지 등등 확인 후 가계약금을 쏘려는 순간 집주인의 마음이 바뀌어 좌절됐었죠.

지금 마음 같아서는 다른 매물을 찾아서 잡았을텐데, 그때는 뭔가를 다시 시작하기에는 두려움이 앞서고 지친 마음이라 바로 포기해버렸죠. 포기하고 아무것도 하지 않았기에 정말 아무 일도 일어나지 않았어요. 지금 실거래를 살펴보니 가격은 딱 두배가 되었네요.

그리고 저희는 비장한 각오로 비상대책을 마련했죠.

2019년 분양할 아파트 단지가 많았기에 주택청약을 노리고 상대적으로 저렴했던 입주장 신축 아파트 전세로 들어가 살기로 했어요.(지금 생각해보면 완전 최악의 선택ㅋㅋ) 연산동 연산더샵 84타입 전세 2.5억에 들어가서 살면서 청약에 도전했어요.

03. 연산롯데캐슬골드포레(메인테마 : 원도심 내 대규모 재개발)

그 당시 부동산 분위기는 지금의 주택청약시장 분위기와 사뭇 달라서 경쟁률이 생각보다 낮았죠. 그때 남편이 청약에 도전했던 아파트 단지는 곧 입주를 앞둔 힐스테이트 명륜 트라디움 아파트입니다. 당시 고분양가로 결국 미분양이 났었죠. 84B타입을 도전했던 저희는 1.61 대 1이라는.. 지금이라면 믿을 수 없는 경쟁률을 뚫고 당첨되었으나.. 너무 비싸다는 이유로 포기했어요.(84타입 5억~5.7억대)지금 생각하면 땅을 치고 후회할 일이죠. 통장 날리고.. 부부 사이도 나빠지고.. ㅋㅋㅋㅋ 결국 그 곳도 가격이 두배가 되었네요. (206동 ****호 당첨 ㅠㅠ)

그렇게 우여곡절 많았던 2019년이 지나고 2020년이 되니 부산은 부동산이 본격적으로 상승하였어요. 더 이상 이렇게 있어서는 안되겠다 싶어 다시 움직였죠. 그전까지는 아파트 분양권과 아파트만 봤다면 이제는 재개발 입주권이 있다는 것도 알게 되었어요. 완전 신세계였죠. 물론 초기자금은 많이 들지만 상대적으로 좋은 동호수를 배정받을 수 있고, 조합원 무상제공 혜택도 조합마다 있어서 관심을 가지게 되었어요.

입주권도 몇군데 후보군이 있었지만 연산동에 실거주하며 연산-양정일대의 미래 가능성과 구조를 너무나 중요시 여기는 남편의 의견을 최대한 반영하여 양정 1구역 84타입 입주권을 매수하였습니다. 매수 과정에서 예기치 못한 일들과 우여곡절들이 많았지만, 결국 매수할 수 있었고 동호수 추첨에서도 원하는 동호수가 나와서 매일 감사한 마음으로 살아가고 있답니다. ㅎㅎ

4인 4색 **부산 부동산** 단톡방 엿보기

 부동산에 대해서 해박한 지식을 가지고 있는 연산댁님에게도 이런 흑역사가 있었네요. 이런 흑역사를 바탕으로 지금까지 투자를 잘 할 수 있었지 싶어요.

 위기를 기회로!
그렇다면 다시 연산롯데캐슬골드포레 아파트 이야기로 돌아와볼께요. 연산-양정라인의 중심부에 위치한 이 아파트의 장점으로는 무엇이 있을까요? 기회가 된다면 한번쯤 실거주 하고 싶은 아파트인가요?

우선 제가 생각하는 연산롯데캐슬골드포레의 장점으로는 신흥주거지로서의 미래가치가 매우 좋다는 것입니다. 2019년 연산더샵 입주 당시와 비교했을 때 지금 많이 달라졌듯이 힐스테이트연산이 입주하였고 이편한세상 시민공원과 양정포레힐즈스위첸, 양정1.3구역이 입주한다면 또 하나의 신흥 주거 단지로 탈바꿈할 것이라 생각됩니다.

연산동과 양정동에 있던 노후주택들이 재개발되어 1만세대 이상의 신축 아파트들이 들어서면 연-양라인으로 주변 일대가 천지개벽될 수 있겠죠.

03. 연산롯데캐슬골드포레(메인테마 : 원도심 내 대규모 재개발)

신축아파트로 1만세대 이상 입주가 완료된다면 주변 생활인프라는 더욱 좋아질 것이고 생활 편리성은 지금보다 더 좋아지리라 생각됩니다.

장기적인 관점에서 대연동, 문현동, 우암동, 감만동 일대에서 진행되는 재개발 구역도 연-양라인처럼 주변 일대가 많이 바뀔 곳이라 생각합니다.

요즘에는 이렇게 좋은 건 합쳐서 무슨무슨 라인으로 말을 만들더군요.

사람들 참 똑똑한 것 같습니다.

현재 실거주를 하고 있는 지인에게 들어보면, 황령산과 맞닿아있는 숲세권의 장점이 생각보다 크다고 하네요. 거실창으로 초록색의 숲이 풍성하게 보여서 지친 일상에서 힐링이 되는 느낌이라고 합니다. 그리고 등산로로의 접근성도 좋아서, 마음만 먹으면 쉽게 등산을 다녀올 수도 있어서 참 만족스럽다는 말을 들었습니다.

연산동/양정동 자체가 어디로든 접근이 양호한 중심 입지에다가 이러한 숲세권의 특장점까지 더해지니까, 실거주로의 매력이 배가 되는 것 같아요.

4인 4색 부산 부동산 단톡방 엿보기

_ 롯데캐슬 골드포레 숲세권 거실뷰

완전 공감합니다. 최근 연산더샵 아파트에 방문한 적이 있는데 주말 아침 입주민들이 함께 황령산 등반대회를 하더라구요. 제가 살았을 때도 야경 보러 황령산에 몇 번 갔었어요. 도심지에 위치하고 있지만 마음만 먹으면 등산을 할 수 있고, 부산 야경을 한눈에 볼 수 있다는 것은 참 매력적인 부분인 것 같아요. 그리고 처음에는 막연하게 입구동이 생활하기에 편할 거라 생각했었어요. 하지만 연산더샵 아파트 뒷동과 롯데캐슬 골드포레 아파트 뒷동을 방문해보니 거실에서 초록 초록 숲이 액자컷으로 나와서 거실에서 쉬는 것만으로도 제대로 힐링할 수 있겠다는 생각이 들었어요. 요즘처럼 집에서 머무는 시간이 많을 때는 이러한 황령산 숲세권 장점도 엄청 매력적이 될 수 있겠다 생각이 들었답니다.

03. 연산롯데캐슬골드포레(메인테마 : 원도심 내 대규모 재개발)

입지적인 부분은 다른 분들이 다들 말씀해 주셨으니 저는 개인적인 부분만을 말씀 드릴께요ㅎㅎ

우선 절묘한 위치 선정을 들수 있습니다.

말씀하신 좋은 위치에 더해, 부산 서면 등 중심지에서 센텀시티로 건너가는 길목에 있으면서도 대로변 보다 약간 들어선 입지, 황령산 숲세권까지 모두 장점입니다.

다음으로 단지컨디션과 여러모로 최신 시스템이 적용된 점을 들 수 있습니다.

롯데캐슬은 조경을 잘한다는 평이 많은데요. 특히 해당 단지는 적당히 배치된 조경, 단지 배치, 나아가 고바이에 위치했음에도 불구하고 데크를 나누지 않고 완전한 평탄화를 한 점이 근처 아파트들에 비해 큰 장점이지요.

네, 이렇듯 장점도 많지만 아쉬운 점도 분명 있다고 생각합니다. 다소 아쉬운 점이 있다면 무엇일까요?

흠… 양정에 있다는 것…?

_ 57

4인 4색 **부산 부동산** 단톡방 엿보기

> 양정이라는 입지가 여러모로 좋은 입지이지만 뭔가 확실한 한방이 없는 동네가 아닌가 싶습니다.

> 완전 평지 동네가 아니라는게 아쉬운 점으로 꼽을 수 있을 것 같아요. 물론 단지 내부는 완전 평탄화가 되었지만, 단지 부근으로는 조금의 오르막/내리막이 있죠.

> 이것이 실생활에 아주 불편을 미치는 정도는 아니지만, 그래도 유모차를 밀어야 된다거나, 가볍게 자전거를 타고 다니고자 하는 관점에서는 아무래도 경사가 전혀 없는 완전 평지가 더 좋죠.

> 네.. 저는 제 자신에게 아쉬워요... 분양했던 그 때 그 시절로 돌아갈 수 있다면.... 미친듯이 달려가서 하나 잡고 싶네요. 분양가로.. 무피잖아요!

> 마지막으로 연산롯데캐슬골드포레의 투자가치는 어떻게 보시나요?

> 부산시청이 이전하지 않는 이상 투자면에서도 손색이 없지 않나요, 저도 살고 싶은 단지입니다.

03. 연산롯데캐슬골드포레(메인테마 : 원도심 내 대규모 재개발)

투자로 뿐만 아니라 실거주 측면에서도 투자가치가 좋다고 생각하는 단지입니다. 입지적인 측면에서도 부산 중심에 있어서 교통으로도 어디든 가기가 좋고 1만세대 입주가 끝나면 학군과 상권도 좋아질 것이기 때문에 장기적으로 실거주하면서 투자가치를 고려 하실 때도 좋을 것이라 생각합니다.

맞아요. 원도심에 이렇게 1만세대 규모의 신축 대단지가 밀집해서 들어가는건 아주 이례적인 일이고, 동네의 입지를 바꿀 수 있는 힘을 가지게 되는 것이죠. 도시의 원도심에서 이렇게 대규모 재개발이 밀집해서 진행되어 미니신도시급의 파워를 갖추게 되는 곳이 있다면, 그 곳은 투자로도 눈여겨 봐도 좋을거에요.

4인 4색 **부산 부동산** 단톡방 엿보기

기대되는 부산 청약 단지 정리

1. 양정1구역

1) 세대수: 2276세대

2) 시공사: GS SK 포스코 컨소시엄

3) 입지: 부산진구 양정동 일대

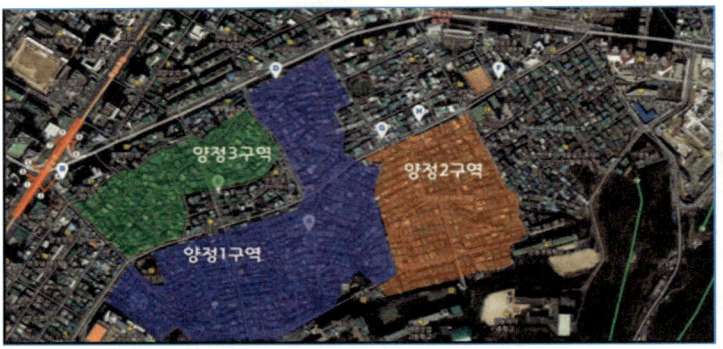

　인근 양정2구역 KCC가 건설중에 있고 양정3구역도 향후 재개발 예정이라 2020년 입주가 완료된 연산롯데캐슬 골드포레 등 일대가 모두 재개발 완료 되어 신흥 주거 단지가 기대 되는 곳입니다.
　양정1구역의 장점으로는 구조가 4베이 구조가 아주 잘 나왔고 브역 대신평초에서 약간 고바위라는 점 빼고는 단점을 찾기 힘든 좋은 입지를 가지고 있습니다.

03. 연산롯데캐슬골드포레(메인테마 : 원도심 내 대규모 재개발)

2. 광안2구역

1) 세대수: 1237세대

2) 시공사: SK건설

3) 입지: 수영구 광안동 일대

부산시민이면서 부동산에 관심이 있는 사람이라면 누구나 가지고 싶은 입지를 가진곳이 광안2구역재개발이 아닌가 합니다. 2호선 광안역 역세권이고 광안리해변까지 도보로 갈 수 있는 거리이고 바로 인근에 광안자이와 함께 신흥 주거 지역을 만들면서 좋은 주거 환경을 만들지 않을까 합니다.

4인 4색 **부산 부동산** 단톡방 엿보기

3. 대연3구역

1) 세대수: 4488세대

2) 시공사: 롯데건설, 현대산업개발 컨소시엄

3) 입지: 남구 대연동 일대

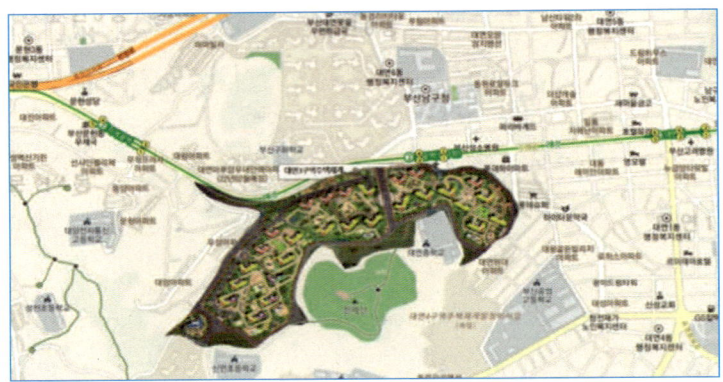

　부산 청약을 기다리고 있는 분들이라면 올해 가장 많은 기대를 하고 있는 곳이 대연3구역이 아닐까 하는데요. 4천세대가 넘는 초대단지이면서 못골역 2호선 초역세권이고 롯데건설 현대산업개발 브랜드에 고급화까지 추진하고 있는 단지라서 청약 준비를 하시는 분들이 많습니다. 인근으로 롯데캐슬레전드, 대연4구역, 8구역등 주변에 신축 공급이 많이 되기 때문에 주변 환경도 좋아질 것으로 예상되기에 좋은 입지와 상품성 모두 겸비한 단지라고 보시면 되겠습니다.

03. 연산롯데캐슬골드포레(메인테마 : 원도심 내 대규모 재개발)

4. 에코델타시티(자료 출처: 부산에코델타시티 홈페이지)

부산시민이 많이 기대를 하고 있는 곳중 하나가 에코델타시티인데 저 역시도 이곳에 대한 기대가 큽니다.

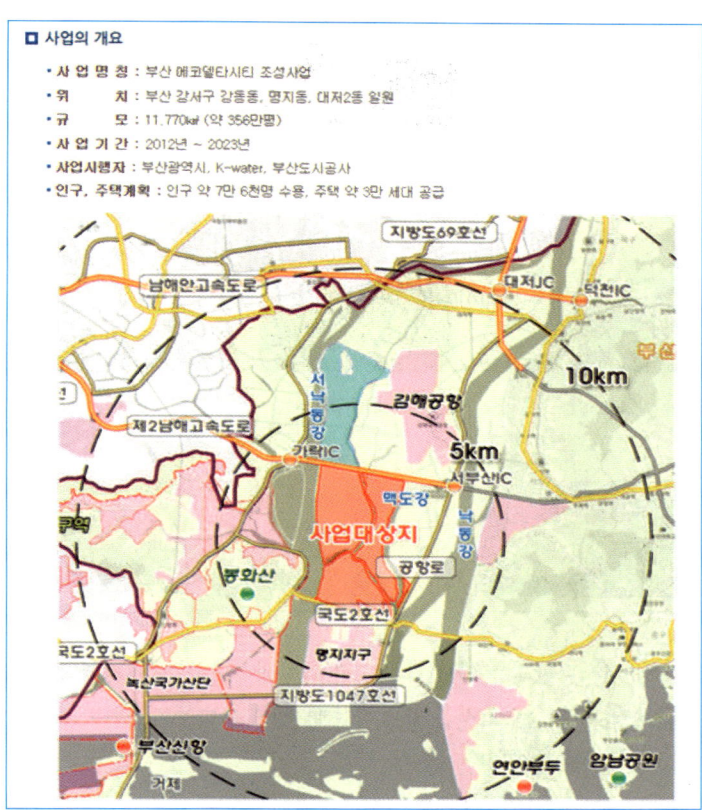

에코델타시티는 부산 강서구 현재 명지국제신도시와 김해공항 사이에 위치해 있으며 약356만명 규모에 약 3만세대 공급이 진행 될 곳입니다.

특화전략

□ 수변문화 레저도시
- River Walk형 업무 상업시설
- 중심상업 업무시설과 바로 인접한 친환경 물길 도입
- 도심속 수변공원과 연계한 레저 친수환경 계획

□ 자연감성 생태도시
- 도심 최대 철새보호 생태 습지공원 조성
- 풍부한 공원·녹지를 확보를 통한 쾌적한 정주환경 조성
- 녹색교통 도입을 통한 친환경 단지조성 추진

□ 글로벌 미래 첨단도시
- 신항만 배후의 국제물류 첨단산업 조성
- 국제업무, 비즈니스, 관광기능 제공

　에코델타시티만의 특화 전략은 수변문화레저도시, 자연감성 생태도시, 글로벌 미래 첨단도시를 표방하는데 특히 수변문화레저도시에 방점이 찍히는 것 같습니다.

　실제로 수도권 신도시의 경우에도 청라신도시나 송도신도시만 보더라도 수변공원과 호수를 활용한 수변공원을 잘 조성해 놔서 이국적인 분위기를 연출하는데 에코델타시티가 이렇게 계획대로 진행 된다면 앞으로 부산 경남에서 유일 무이한 신도시가 되지 않을까 하고 투자로서 가치는 더 높아질 것 같습니다.

03. 연산롯데캐슬골드포레(메인테마 : 원도심 내 대규모 재개발)

공공3인방 청약을 준비하자!!

　에코델타시티 내 공공분양 3인방은 강서자이, 이편한세상, 푸르지오 이 3 단지인데

　여기 3개 단지는 유치원, 초등, 중등, 고등학교를 다 품고 있으며 신도시와 같이 젊은 사람들이 많이 사는 곳은 초중고 위치가 중요한데 그런 점에서 이 3개 단지는 좋은 입지를 가지고 있다고 봅니다.

　그리고 중심상가가 아주 가깝고 강서자이 옆에는 부산 3호선과 강서선 연장선까지 연결이 되는 트램 역사가 예정되어 입지가 매우 좋아 이 3인방 입지가 향후 에코델타시티 대장이 되지 않을까 조심스럽게 예상해 봅니다.

　거기다 분양가격도 강서자이는 4억대이고 향후 분양할 단지도 분양가 상한제 때문에 높게 나오기 힘든 구조라 최소 안전 마진을 가져 갈 수 있는 장점도 있습니다.

　앞으로 공공 분양으로 나오는 3개 단지를 주목할 필요가 있습니다.

by 부산바꾸미

■ 4인 4색 부산 부동산 단톡방 엿보기 ■

화명롯데캐슬카이저
(메인테마 : 대단지)

◎ 위　치 : 부산 북구 화명동
◎ 준　공 : 2012년 6월
◎ 세대수 : 5,239세대(총 48개동)

04

태박이

유동닉

연산댁

부산바꾸미

화명롯데캐슬카이저는 부산의 대표적 매머드급 대단지 중 하나로, 단일단지 중 규모(세대수)가 부산에서 가장 큰 곳입니다.

사람들은 대단지를 왜 좋아할까요? 대단지의 매력이 뭔지, 그리고 몇세대부터 대단지라고 볼 수 있는지 각자의 의견이 궁금합니다.

4인 4색 **부산 부동산** 단톡방 엿보기

순위	아파트명	위치	동	세대수
1위	LG메트로시티	부산 남구 용호동	80개동	7,374세대
2위	화명롯데캐슬카이저	부산 북구 화명동	48개동	5,239세대
3위	레이카운티	부산 연제구 거제동	34개동	4,470세대
4위	동삼그린힐	부산 영도구 동삼동	26개동	4,056세대
5위	래미안포레스티지	부산 동래구 온천동	36개동	4,043세대
6위	동래래미안아이파크	부산 동래구 온천동	32개동	3,853세대
7위	더샵센텀파크	부산 해운대구 재송동	20개동	3,750세대
8위	다대롯데캐슬몰운대	부산 사하구 다대동	49개동	3,462세대
9위	화명대림타운	부산 북구 화명동	35개동	3,382세대
10위	백양산동문굿모닝힐	부산 북구 만덕동	30개동	3,160세대

_ 부산 대단지 아파트 세대수 Top 10

요즘에는 온천4구역 래미안 포레스티지, 거제 2구역 레이카운티 등 4,000세대 급 매머드 대단지 분양이 자주 있지만 그 이전에는 용호동 메트로시티와 화명 롯데캐슬 카이저가 부산에서 대표적인 매머드급 대단지였습니다.

대단지가 되면 일단 관리비가 쌀 뿐만 아니라 커뮤니티 포함하여 내부도 상가도 크고 조경도 좋고 공원화돼서 상당히 좋아지죠.

단지 내에서 대부분 다 해결이 가능한 것이 대단지의 가장 큰 장점이 아닌가 싶어요.

요즘에는 워낙 대단지 공급이 많다 보니 개인적으로 500세대 전후는 소형, 1,000세대 전후는 중형급, 1,500세대 전후를 대단지라 하지 않을까 하네요.

04. 화명롯데캐슬카이저(메인테마 : 대단지)

저는 대단지에 살아보지 않아서 잘 모르지만, 대단지 아파트에서 거주해 본 경험이 있는 와이프에 의하면, 중소형 마트, 학원, 목욕탕 등 기본적인 생활권이 잘 갖추어진게 최대의 장점이라고 하더라고요.

특히 최근에는 아파트 상가에 어떤 커피브랜드가 들어오느냐를 가지고도 입주민들이 일희일비하기도 하는 걸 보면, 생활권은 중요한 것 같습니다.

특히 커피샵의 경우에는 스타벅스가 들어온다고 하면 대호재이고, 그 외에 가성비 커피샵의 경우에도 부산지역에서는 텐퍼센트나 블루샥 커피 등이 들어오면 좋은 이미지라고 느끼는 것 같아요.

개인적으로는 1,000세대 이상이면 대단지라고 생각하는데, 편리한 생활권이 모두 갖추어지려면 2,000세대는 되어야 한다고 생각합니다.

주부들이 선호하는 대단지의 매력으로는 우선 관리비가 저렴하다는 것이죠. 매달 생활비로 나가는 관리비를 어느 정도 절약할 수 있다는 것은 큰 매력포인트가 될 것 같아요. 그리고 대단지일수록 아파트 커뮤니티 시설을 저렴하고 편리하게 사용할 수 있죠.

인근에 있는 사설 시설을 사용할 경우와 비교하였을 때 가격적인 면에서 확실히 저렴하고 아파트 단지내에서 이용하기에 좀 더 편리하게 사용할 수 있어요. 그리고 거주하는 인구가 많기에 단지내 상가도 규모가 크게 형성되어 근거리에서 다양한 편의시설을 누릴 수 있어요.

앞서 말한 대단지의 매력을 느끼려면 기본적으로 1,000세대는 되어야 한다고 생각하고, 2,000세대 이상일 경우 초특급 대단지라고 생각합니다.

화명롯데캐슬카이저는 5,000세대 규모의 초대단지인데요, 세대수는 많으면 많을수록 좋을까요? 아니면 각자 생각하는 적정 세대수가 있고, 그 이상이 되면 오히려 단점으로 작용할수도 있을까요?

5천세대 이상 단지를 투자 관점에서 본다면 장단점이 확실합니다. 무슨 말이냐 하면 5천세대 이상의 대단지는 평형도 엄청 많고 구조도 다양하고 또 앞동과 뒷동이 위치 차이가 커서 입지가 달라지며 이런식으로 다양화되다 보면 5천세대 중 비선호 구조 비선호 동 비선호 층은 반드시 일명 못난이 매물이 항상 존재합니다. 이 못난이 매물은 수요에서 계속 밀리다 보니 항상 저가 매물로 남아 있는데 이 저가 매물은 항상 시세 상승에 발목을 잡습니다.

04. 화명롯데캐슬카이저(메인테마 : 대단지)

대개 대세 상승을 이루어지려면 이 못난이 매물들이 폭발적으로 거래가 되면서 가격 상승이 이어지는데 이 과정이 엄청 힘듭니다.

대단지에 투자를 해 보신 분들은 제 말을 아실 겁니다. 대단지에 투자했다가 한동안 시세 상승이 이루어지지 않아서 마음고생을 한 적 있는데 대부분 이런 매물들이 팔리지 않아서 대상승이 늦게 오거나 상승장에 상승 없이 지난 적도 있었습니다.

반대로 이 과정만 지나면 대단지의 기본적인 실수요와 투자자 선호현상으로 상승 에너지가 누적되면서 상승 할 때는 타 단지보다 많이 상승하는 경향이 있습니다. 이번에 화명롯데캐슬 상승 시에도 동일한 현상이 있었죠.

대단지에 투자를 하실 때 팁을 드리자면 이 못난이 매물의 거래 현황을 추적만 하더라도 투자의 기회를 잡을 수 있습니다. 자꾸 못난이 매물이라 해서 실거주 하신 못난이 매물 소유주 분들에게는 죄송하지만 이 못난이 매물이 급격히 거래되는 시점이 초대 단지 상승의 초입이며 상승 시그널이라 보시면 됩니다.

 맞습니다. 덧붙이자면, 세대수가 많다는 것은 곧 거주하는 사람이 많다는 것입니다. 얼마나 다양한 사람들이 살겠습니까~ 그리고 그 사람들이 얼마나 다양한 사연과 사정이 있겠습니까~ 꼭 못난이 매물이 아니더라도, 급매가 나올 확률도 높은 환경이라는 것이죠. 이 점도 시세 상승에 발목을 잡는 요소가 될 수 있다고 생각합니다.

하지만 이 점은 아주 보수적으로 봤을 때 작은 한 요소에 불과하고요. 물론 대단지가 가지는 강점이 훨씬 더 크죠~ 특히 이런 5천세대급의 매머드 단지는 그 자체가 입지가 됩니다. 동네를 바꿀 수 있는 힘이 있다는 것이죠.

아무것도 없고 무시받는 입지에 매머드급 단지가 분양한다면? 한번 눈여겨 보셔도 좋을 것 같아요. 그 동네의 입지가 바뀌어버릴수도 있으니까요.

저 또한 세대수는 많으면 많을수록 좋다고 생각해요. 화명동 롯데캐슬카이저의 경우 5,239세대로 1세대당 3명씩 잡을 경우 거주 인원만 15,717명입니다. 거주 인원이 많을수록 앞서 말한 저렴한 관리비, 아파트 커뮤니티 시설 이용 등 다양한 장점이 있다고 생각해요.

04. 화명롯데캐슬카이저(메인테마 : 대단지)

투자의 관점에서도 시세 파악이 쉬운 장점이 있어요. 소단지 아파트에 비해 세대수가 많기에 거래가 빈번할 수 밖에 없고, 거래가 잦으면 실거래가에 찍힌 가격으로 시세파악이 용이한거죠.

빠꾸미님 말씀처럼 RR(로얄동&로얄층)세대와 못난이세대(향이 좋지 않거나 층이 좋지 않은 매물)의 가격 차이가 크다는 것은 대단지 아파트가 가진 단점이 될 수 있을 것 같아요.

부동산에서 매물을 살펴볼 때 보통 가장 저렴한 가격의 매물을 먼저 살펴보고 그 다음 가격의 매물을 살펴보는데, 가장 저렴한 가격의 매물은 가격이 매력적이지만 층과 향이 아쉽고, 층수를 조금 올리거나 남향을 찾거나 한다면 가격이 기하급수적으로 올라가서 고민을 하는 경우가 많거든요.

하지만 실수요자 입장에서는 이런 못난이매물이 하나의 기회가 될 수도 있을 것 같아요. 가진 예산이 조금 부족하지만 대단지 아파트에 입성하고 싶을 경우 급매물을 잡을 수도 있구요.

저는 여기서 궁금한 사항이 있어요. 보통 그 지역의 대장 아파트 역할을 하는 대단지 아파트의 못난이 매물과 인근 위치한 중소단지 아파트의 RR매물이 가격이 같을 경우 어떤 선택을 하실 건가요?^^

우선 저라면 대단지 아파트의 못난이 매물을 잡을 것 같아요. 비록 층이나 향은 아쉽지만 우선 대장 아파트에 입성하는 것이 더 중요하다고 생각하거든요. 입성 후 대장 아파트의 인프라를 즐기다가 부동산 시장의 하락장이 오거나 급매물 RR세대가 나올 때 갈아탈 것 같아요.

투자의 개념으로 생각하면 사이클별로 다릅니다. 상승장 초입에서 대단지 못난이 매물 밖에 없을 땐 대형단지가 상승폭이 더 클 겁니다. 매머드 단지 상승은 하기도 어렵지만 한번 상승하면 에너지가 매우 큽니다.

반대로 상승장 중 후반일 경우 중형 단지 RR이 낫다고 봅니다. 조정이 됐을 때 매도가 잘되는 걸 선택해야 하는 거죠.

초대단지에는 살아보질 않아서...

다만 개인적으로는 1000세대 이하의 아파트가 오히려 살기에는 쾌적하지 않나 싶습니다. 커뮤니티도 여유있고요.

따라서 저라면 중소단지 아파트의 RR매물에서 거주하고 싶을듯해요. 위치적으로 가까운 곳이라면 대단지 아파트의 생활권도 어느정도 공유가 가능하기 때문이기도 하고요.

04. 화명롯데캐슬카이저(메인테마 : 대단지)

하지만 대연파크푸르지오나 대연힐스테이트푸르지오, 중동힐스테이트 위브처럼 동간 간격이 넉넉하고 공용부가 넉넉한 대단지 아파트는 굉장히 매력적이라고 생각합니다.

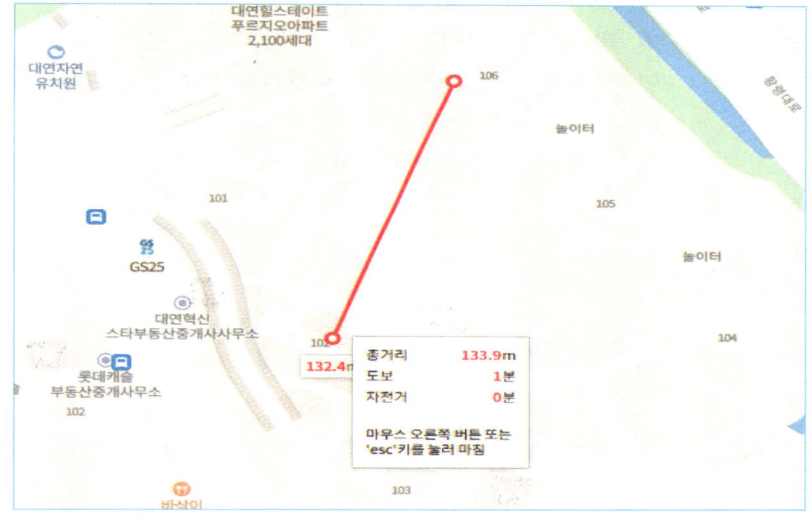

_ 대연혁신힐푸 동간간격

즉, 거주 차원에서는 단지 세대수가 많은 아파트가 매력적인게 아니라, 넓은 부지를 공유하고 이로 인해 쾌적한 생활이 보장될 때, 그 매력이 극대화 되는 것 같아요.

4인 4색 **부산 부동산** 단톡방 엿보기

화명롯데캐슬카이저의 입지에 대해 한번 이야기해보죠. 북구 내에서는 화명동이 대장동네이고, 또 화명동 안에서는 화명롯데캐슬카이저가 여태껏 대장아파트로 인정받았습니다.

하지만 롯데마트 사거리 메인상권과는 거리가 꽤 떨어져있어서 입지부분에서 대장아파트로 인정받는게 조금 의아하다는 평가도 있습니다. 연식/대단지 파워로 입지를 이겨버린 케이스일까요? 여러분들의 생각이 궁금합니다.

_ 롯데마트 사거리 상권 및 학원가 밀집도

04. 화명롯데캐슬카이저(메인테마 : 대단지)

화명롯데캐슬카이저의 입지는 사실 화명동 메인 상권이자 학원가가 있는 지역이 아니고 살짝 외곽에 있는 수준인데요. 그렇지만 화명동이 신도시이고 대부분의 아파트가 구축인데 상대적으로 대단지 준신축 브랜드 단지로 희소성이 있어서 화명동 대장 자리를 차지하고 있다고 생각합니다.

앞으로 이를 대체할 아파트가 나타나느냐의 문제인데 사실 낙코이(낙천대,코오롱,이안) 주변이 상권, 학교, 학군이 가장 좋아서 메인이고 이곳이 재건축이나 리모델링이 되지 않는 한 꾸준히 대장 자리를 유지 하지 않을까 합니다.

개인적으로 대단지는 그자체로 기본적인 생활권을 만들어내는 힘은 있지만, 명확하게 한계가 있다고 생각합니다.

아무리 대단지 아파트라고 하더라도, 백화점을 유치할 수는 없고, 명품관을 가질 수는 없으니깐요.

냉정하게 말하자면, 롯데마트 상권 자체는 생활이 편리해진다는 장점은 있으나, 이를 넘어서는, 입지에 있어서의 매력은 없다고 생각합니다.

> 북구에 사는 친구들을 살펴보면 확실히 낙코이 주변에 상권이 잘 되어있어서 그쪽을 더 선호하는 경향이 있어요. 신혼집을 구할 때 대부분 낙코이로 선택하더라구요.

> 하지만 자녀가 있는 집과 조금이나마 신축에 살고자 하는 열망이 있는 집은 화명롯데캐슬카이저를 고려하는 것 같아요. 그런 관점에서 볼 때 화명롯데캐슬카이저는 메인상권과는 조금 떨어져있지만 인근 화명동 아파트에 비해 연식이 오래되지 않았고, 더블초품아로 애들 키우기 좋은 아파트이기에 지금까지 사랑받지 않았나 생각이 드네요. 인근 상권도 입주 초기에 비해 점점 더 좋아지는 것도 있구요.

> 앞으로 시간이 흘러 연식이 쌓이다보면 가격 흐름은 비슷하게 흘러가되, 낙코이 주변 아파트들의 리모델링 사업 가능성 여부에 따라 추후 화명동 대장아파트가 결정나지 않을까 예상해봅니다.

> 북구 내에서 화명동은 평지, 대단지 아파트, 상권 및 학원가, 훌륭한 자연환경 등으로 북구 대장동네의 자리를 지켜왔습니다.

> 하지만 덕천포레나 분양으로 인해 덕천동의 입지적 위상이 급부상하고 있습니다. 대장아파트를 덕천동에게 넘겨주게 될까요? 아니면 화명동 입지와 대단지의 힘으로 대장아파트 자리를 계속 지켜가게 될까요?

04. 화명롯데캐슬카이저(메인테마 : 대단지)

_ 덕천동 포레나 타운(재건축/재개발 예정구역)

저는 화명동은 화명동 신도시의 특징이, 덕천포레나는 포레나대로 북구의 원도심 입지의 장점을 가지고 있다고 생각합니다.

화명동은 전체적으로 신도시 느낌으로 동네가 깔끔하고 상권, 학군이 우수한 편이고 덕천동의 포레나 타운은 교통이 우수하며 원도심의 우수한 입지에 신축이라 각자의 장점이 있죠. 저는 서로 경쟁을 하면서 엎치락뒤치락 하면서 동반 상승한다고 생각합니다.

_ 79

4인 4색 부산 부동산 단톡방 엿보기

 제가 북구를 잘 몰라서... 다만 화명동쪽 학원가들이 건재한 이상 순식간에 흐름이 넘어갈 것 같지는 않고, 저라면 굳이 신축 메리트만으로 이동할 것 같지는 않습니다.

롯데캐슬카이저도 단지 컨디션이 좋은 편이고, 일부 최신 시스템을 제외하고는 커뮤니티, 단지 조경, 주차 등이 불편한 것은 아니거든요.

게다가 최신 시스템이야 공용부 리모델링으로 일부 보완이 가능하기도 하고요.

 화명동이 북구에서 선호하는 전통 거주지로서의 매력이 있는 곳이라면 덕천동은 북구의 떠오르는 샛별이라고 생각해요.

포레나부산덕천(2022.8월예정) 입주가 시작된다면 덕천역 인근 상권을 누릴 수 있는 신축 주거 단지가 완성되리라 생각합니다. 그렇게 된다면 화명동 입지의 아파트와 함께 북구의 대장 단지로 쌍두마차 역할을 할 것이라 예상됩니다.

04. 화명롯데캐슬카이저(메인테마 : 대단지)

상상만으로 건설예정 아파트 임장하기
(부제 : RR 찾는 법)

기다리고 기다리던 아파트의 신규 분양 모집공고가 떴습니다.

홈페이지를 방문해보니, 단지를 실제로 만들어놓은듯한 멋진 CG의 조감도와 단지배치도를 확인할 수 있는데요.

이 알록달록한 그림을 도대체 어떻게 봐야할까요? 가장 좋은 동호수, 일명 RR은 어디일까요?

2022년에 입주를 한 힐스테이트명륜트라디움을 예시로 한번 살펴봅시다.

Step1) 단지배치도로 방향을 파악한다.

남쪽이 어느방향인지부터 파악해야 합니다. 요즘 아파트들은 정남향, 남동향 또는 남서향 위주로 배치되어 있는데, 남쪽이 어느 방향인지부터 확인이 되어야지 각 세대의 조망을 예상해볼 수 있거든요.

위 그림에서 언뜻 보면 204~201동이 남쪽에 위치한 앞동, 205~208동이 북쪽에 위치한 뒷동으로 볼 수 있지만, 사실 204동, 205동이 최남단에 위치하여 11자로 배치된 동배치입니다.

4인 4색 **부산 부동산** 단톡방 엿보기

Step2) 네이버지도에 대입시켜본다.

위 단지배치도를 통해, 해당 아파트의 건물배치를 파악했다면, 이제는 주변 입지에 어떤 요소들이 있는지, 조망을 가리는 것은 없는지 파악해보아야 합니다.

네이버지도의 해당현장 위치로 가봅시다. 네이버지도는 아래쪽이 남쪽으로 고정되어있으므로, 단지배치도를 회전시켜서 정남향에 맞춰줍니다. 물론 그림을 단지모양대로 짤라서 붙이면 예쁘겠지만, 꼭 그럴 필요는 없습니다. 아래처럼 대충 갖다붙여서 파악은 되니까요.

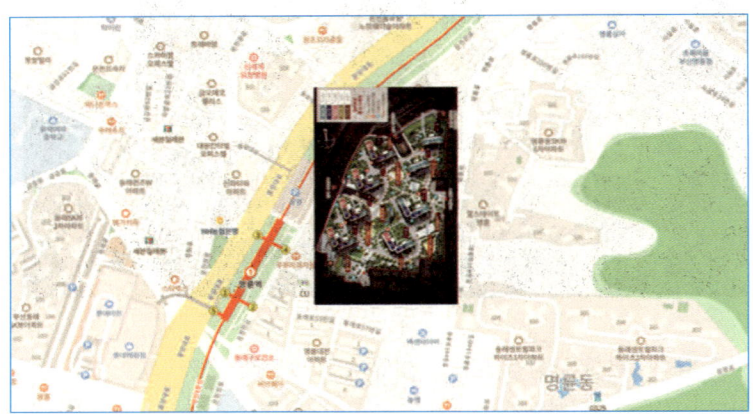

위 그림을 통해 보니까 아래 내용들을 파악할 수 있습니다.
- 단지 서쪽에는 지하철이 다니는군.
- 단지 앞쪽에도 아파트가 있네? 앞동이라고 하더라도 앞쪽 아파트에 막힐수도 있겠군. 앞쪽 아파트가 몇층인지 파악해봐야겠어.
- 단지 동쪽으로도 아파트가 있지만, 어느정도 거리가 떨어져있어서 조망이 많이 답답하지는 않겠구나.

04. 화명롯데캐슬카이저(메인테마 : 대단지)

Step3) 지도를 좀 더 넓게 한번 더 봅니다.

아파트 고층으로 갈수록 생각보다 훨씬 더 멀리까지 보이기 때문입니다. (동래구에 있는 고층아파트에서 해운대까지 잘 보이는 아파트가 많습니다)

지도를 더 넓게 보면서, 어떤 조망이 나올지 상상해볼 수 있습니다.

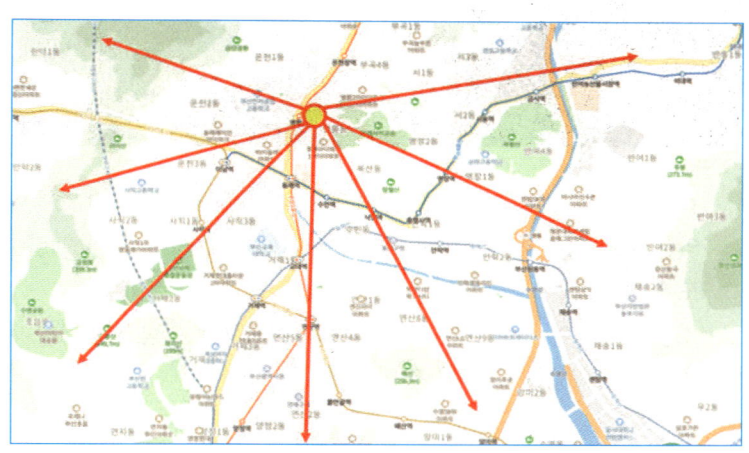

서쪽은 백양산과 금정산 조망이 생각보다 가까이 보이겠구나.
- 동쪽은 아파트숲 시티뷰 너머로 장산뷰가 보이겠고, 해운대 초고층 건물들도 보일 수 있겠는데?
- 남쪽으로는 무난한 시티뷰가 보이고, 동래구 전역이 한눈에 다 보이겠구나.

이 정도로 파악하고, 이제 현장 임장을 한번 가봅니다.
현장 사이드라인을 따라 걸으며 앞서 파악했던 내용들이 맞는지, 실제로 지어졌을때 어떤 모습이 될지 머릿속으로 상상하며 걸어봅니다.
현장을 직접 봤더니, 아래 내용을 확인할수가 있네요.

4인 4색 **부산 부동산** 단톡방 엿보기

- 헉.. 서쪽의 지하철이 지상으로 다니는 곳이었구나. 그러면 소음이 있을수도 있고, 저층세대 거실조망에서는 철도가 눈높이에 걸릴수도 있겠네.
- 소음 영향권인 아파트에는 방음벽이 세워지던데, 그럼 방음벽은 몇층 높이까지 올라오게 되는걸까?

이렇게 현장에서 파악한 정보들로, 이 아파트는 사람들이 남동향을 선호할지, 남서향을 선호할지, 각 라인의 몇층 정도부터가 조망간섭이 없고 선호하는 곳이 될지 생각해볼 수 있게 됩니다.

☐ 추가로 확인할 수 있는 디테일

- 엘리베이터 개수

출근시간 엘리베이터가 층마다 서면서 지각할까봐 똥줄탔던 경험이 한번씩들 있으실거에요. 그만큼 각 라인당 사용하는 엘리베이터 대수도 실거주 관점에서 참 중요합니다. 보통 2세대가 1대를 공유하거나 3세대가 2대를 공유하죠. 2세대에 2대 정도로 나오면 아주 훌륭한 편입니다. 각 라인당 엘리베이터 대수도 단지배치도에서 확인을 할 수가 있습니다.

04. 화명롯데캐슬카이저(메인테마 : 대단지)

위 화살표 표기된 부분이 엘레베이터를 나타냅니다. 따라서 1,2호 라인이 한대, 3,4호 라인이 한대를 공유하게 됨을 알 수 있겠네요.

같은 아파트이더라도 라인에 따라서 엘레베이터 사용 대수가 다를 수 있으므로, 이러한 부분 확인을 통해 선호라인 파악이 가능합니다.

- 단지 시설 위치

단지배치도에는 어린이놀이터, 중앙광장, 어린이집, 커뮤니티시설, 쓰레기분리수거장 위치 등도 확인이 가능합니다. 당연히 커뮤니티시설과 이어져있는 동이 좋을 것이며, 쓰레기분리수거장과 가까이 있는 세대는 모두가 피하고 싶을 것입니다.

또한 단지 내 소음에 민감한 분들은 어린이놀이터가 바로 앞에 있는 동을 피하고 싶을 거에요. 아이들이 뛰어노는 소리에 예민할수도 있고, 특히 요즘 아파트에는 어린이 물놀이터, 바닥분수 등도 많이 설치되므로, 물소리도 꽤나 크게 들릴 수 있거든요.

이 부분은 누구에게는 민감한 부분일수도 있고, 또 누군가에게는 아무것도 아닐 수도 있는 개인 취향이라고 보면 되겠습니다.

- 아파트 조경뷰 저층의 가치

신축아파트 조경이 상향평준화됨에 따라 저층 단지뷰의 가치가 떠오르고 있습니다. 물론 앞동 고층에서 뻥 뚫린 시원한 조망을 보는 것이 가장 좋고, 가치도 당연히 높게 인정받겠지만, 뒷동일 경우에는 한번 생각해볼 필요가 있습니다.

위 사진은 동래래미안아이파크의 5층이하 저층의 거실뷰입니다. 식재가 빼곡하게 심어진 조경으로 인해 공원을 바라보는 느낌이 나고, 눈높이에서 이러한 뷰가 나오니까 굉장히 안정적입니다.

만약 뒷동에서 중층으로 올라가면 어떻게 될까요?

04. 화명롯데캐슬카이저(메인테마 : 대단지)

층수는 높지만 아마 눈높이에서는 이런 뷰가 나올겁니다. 단지 조경을 보려면 창문쪽으로 다가가서 아래쪽으로 내려다봐야한다는 것이죠.

이런 점 때문에 요즘에는 단지조경뷰가 가능한 뒷동 세대라면, 오히려 중고층보다 저층을 더 선호하는 사람도 많이 생긴 것 같습니다.

물론 이 부분 역시 각자의 취향이 많이 반영되는 부분입니다.

그래도 무조건 층수가 한층이라도 높은게 낫다 VS 저층이라도 눈높이에서 보이는 뷰가 더 중요하다

여러분들의 선택은요?

- 예상뷰에 대한 유연한 생각

네이버지도를 펼쳐서 예상뷰를 생각하다보면 정면만 생각하게 됩니다. 그래서 아래 그림과 같이 뒷동뷰는 앞동만 바라보는 갑갑한 뷰를 생각하게 되죠.

하지만 실제로 들어가서 보면, 사람의 눈과 시선은 정면만 바라보는게 아니죠. 정면뿐만 아니라 좌우 측면까지도 모두 바라보기 때문에 예상했던 뷰와 달리 아주 시원한 뷰가 나올 수 있습니다. 특히 소파를 벽에 붙여서 놓기 때문에, 소파에 앉아서 밖을 바라보면 소파뷰는 아래와 같이 측면을 바라보게 되죠.

4인 4색 **부산 부동산** 단톡방 엿보기

위 예시는 제가 과거에 거주했던 명지협성휴포레를 떠올려보며 작성해 보았는데요.
아래 사진을 보면 더 실감나게 와닿으실 것 같아요. 측면으로 보이는 개방감때문에 뒷동이라도 거실뷰에 대한 불만족은 없었던 것 같습니다.

04. 화명롯데캐슬카이저(메인테마 : 대단지)

- 구축이라면?

구축아파트라면 어떤걸 고려해야할까요? 대체적으로 Top층과 사이드라인, 즉 네모난 건물에서 모서리에 위치한 세대가 비선호라인입니다. 노후한 건물일수록 단열과 누수에 취약하기 때문입니다. 중층, 그리고 안쪽라인과 같이 사이드에서 안쪽으로 들어가있는 세대는 사이드라인이 1차 방어벽 역할을 해주기때문에 단열과 누수 부분에서 비교적 유리합니다.

하지만 꼭대기층을 포함한 사이드라인은 외벽과 맞닿아있으므로 겨울철에 비교적 추울 수 있고, 비바람이 치면 누수가 발생할 확률도 비교적 높다고 볼 수 있습니다.

따라서 구축아파트일수록 임장 시 세대방문은 필수적이며, 위 사항을 꼼꼼하게 체크를 해봐야 할 것입니다.

by 태박이

■ 4 인 4 색 부 산 부 동 산 단 톡 방 엿 보 기 ■

더샵명지퍼스트월드
(메인테마 : 택지지구 신도시)

◎ 위　치 : 부산 강서구 명지동
◎ 준　공 : 2020년 8월
◎ 세대수 : 2,936세대(총 20개동)

　태박이　　유동닉　　연산댁　　부산빠꾸미

> 명지국제신도시 분양 당시의 분위기가 생각이 나시나요? 거기를 왜 청약하냐, 거기에 사람이 살 수 있냐 등.. 가루가 되도록 까였던 곳입니다. 지금은 누구나 인정하는 명지포스코더샵 역시 2017년 분양 당시, 마찬가지의 분위기였죠.

> 그럴 수 밖에 없었던게, 신도시는 분양 시 임장을 가보면 정말 허허벌판인 경우가 많습니다. 듬성듬성 자리잡은 아파트들은 흙먼지 속에서 생활을 해야 하고, 그나마도 들어온 상권은 제대로 자리잡지 못해서 업종이 다양하지 못하고 공실이 많지요.(편의점 하나 들어와도 호재~!!)

4인 4색 **부산 부동산** 단톡방 엿보기

근데 신도시는 이미 필지, 구획마다 계획이 다 잡혀있고, 어떤 것들이 입점하고 들어올지, 어떤 호재가 있을지 모두가 다 알고 있습니다. 명지에 이마트타운(지금의 스타필드시티)이 들어오는 걸 조금만 관심이 있다면 다 알고 있었죠. 그럼에도 현재 모습이 허허벌판이라는 이유만으로 "거기에 어떻게 사냐?" 라는 평가를 받습니다.

택지지구 신도시는 도대체 왜 이렇게 많이 까이는 걸까요? 왜 사람들은 개발계획이 다 있음에도 현재의 모습만 가지고 욕을 할까요? 신도시 투자나 거주를 꺼리는 이유가 뭐라고 생각하시나요?

저는 신도시의 최대 단점은 '중심지에서 멀다.'는 점이라고 생각합니다.

제 개인적인 인생 모토 중 하나가 '시간을 허비하지 말자.' 인데요…

신도시에 직장이 없는 이상, 아무리 깔끔하고 좋은 동네라고 하더라도 실제 거주하는 것은 조금 무리라고 생각합니다.

비슷한 예로 인터넷에 떠도는 밈 중에서 '경기도에 살면 인생의 1/4을 길에서 보내게 된다.'라는 밈이 있기도 하지요.

05. 더샵명지퍼스트월드(메인테마 : 택지지구 신도시)

또 다른 현실적인 투자관점에서의 이유라면, 향후 인구가 줄어들고 지방소멸 문제가 점점 가속화되면, 주요 인프라는 점점 중심지로 몰려들게 마련이고, 신도시는 말 그대로 '얼마든지 대체가 가능'하다는 점에서 투자관점에서도 조심스럽게 접근해야 하는게 아닌가 싶습니다.

저는 유동닉님이랑 완전 반대인데요. 유동님과 같이 전문직이 아닌 일반인 직장인이 회사를 다니면서 자산 증식을 하려면 반드시 시간이 지나면 자연스럽게 돈이 되는 투자를 해야 한다고 강의에서도 강조하는데요.

대표적인 부동산 투자의 두가지가 신도시 투자와 재개발 재건축 투자입니다. 이 곳들의 특징은 입지를 제대로 보는 눈만 있다면 초기에 들어가서 시간을 버틴다면 자산 증식이 잘 되는 대표적인 투자처이기 때문입니다.

신도시가 허허벌판일 때 많은 수익을 남길 수 있습니다. 보통 사람들은 현재의 모습만 보면서 부동산을 매수하지만 진정한 투자자라면 조감도만 보면서 미래의 모습을 생생하게 그리면서 투자를 할 수 있어야 합니다.

요즘에 신도시 투자를 하도 많이 하다보니 중심상가, 수변공원, 학교의 모습을 조감도만 보면서 투자를 하는데 대부분 제가 생각한 것 이상으로 신도시가 잘 만들어 지더라고요.

4인 4색 **부산 부동산** 단톡방 엿보기

 현재의 모습만 보면 가치가 가격에 그대로 다 반영이 되기 때문에 투자의 포인트는 없습니다. 허허벌판 일때 주택이 썩은 모습일 때 그때 미래의 모습을 그리면서 투자를 하면 많은 수익을 남길 수 있습니다.

물론 유동닉님처럼 전문직이라 시간이 돈인 분들에게는 비추하고요.ㅎ

조감도

준공 후 실물

조감도 전면

준공 후 실물 전면

_ 다산신도시 지식산업센터 조감도와 완공 후 모습

05. 더샵명지퍼스트월드(메인테마 : 택지지구 신도시)

저도 제 주변에 신도시 투자로 수익을 창출한 지인들이 꽤 있어요. 덩달아 투자했음 돈 벌었을 텐데 아직까진 쫄보라 시도해본 적은 없죠.ㅠㅠ

신도시 개발 계획이 시기에 맞게 잘 진행되고 인프라가 빨리 형성된다면 분명 신도시도 투자가치만큼 실거주 만족도도 높을 것 같아요. 광교신도시가 좋은 예죠. 친구 중 한명이 광교에서 살고 있는데 삶의 만족도가 엄청나더라구요.

하지만 개발 계획이 지연되고 허허벌판일 때 들어가서 살아야 할 경우 감내해야 할 부분도 반드시 있다고 생각해요. 어려움이 더 따르겠죠.

또한 신도시마다 일자리 창출, 교통망 구축 등의 상황에 따라 투자의 성패가 갈릴 수 있다고 생각해요. 최악의 경우 베드타운으로 전락할 가능성도 배제 못한다고 생각합니다.

신도시와는 별개로 재개발/재건축 사업의 경우 입지 좋은 곳의 노후 주택이나 구축 아파트로 진행되는 것이기 때문에 기존에 형성된 인프라를 누릴 수 있고 관리처분인가 이후에는 어느 정도 사업의 안정성을 가지며 투자 가능하다고 생각해요. 그런 부분을 감안하였을 때 투자와 실거주의 만족도를 둘다 채울 수 있다고 생각해요. 그런 이유에서 저는 재개발 입주권에 투자하였습니다.

4인 4색 **부산 부동산** 단톡방 엿보기

 전국에 수많은 택지지구 신도시가 있고, 각 도시마다 이슈의 중심에 있을만큼 많은 관심을 받습니다. 그만큼 많은 기회와 위험이 도사리고 있지요.

장화신고 들어가서 구두신고 나온다 라는 말을 한번쯤 들어보셨죠? 반대로 장화신고 들어가서 맨발로 흙투성이가 되어 나올수도 있는거죠 ㅎㅎ 택지지구 신도시 투자에 성공하기 위해서 가장 중요한 포인트는 무엇이라고 생각하시나요? 어떤 신도시를 골라야되며, 그 신도시 안에서는 어떤 아파트를 고르는게 좋을까요?

제 지인들이 가장 많이 사는 아파트가 어딘지 아세요? 바로 명지신도시 더힐시그니처(구 명지부영)입니다. 제 대학 동기부터 후배, 이전 직장 동료들까지 많은 사람들이 더힐시그니처(구 명지부영)에 살고 있습니다.

이전 직장이 조선소라 직장이 가까워서 명지오션시티 에 많이 살고 있었는데 이 분들 같이 술 마실때마다 제가 한 얘기가 있는데 명지국제신도시 특히 명지포스코와 더힐시그니처(구 명지부영)로 갈아타기 해라 였습니다.

그당시 명지포스코 프리미엄이 5천전후 더힐시그니처(구 명지부영)도 그정도 했으니 그때 갈아타기 한 제 지인들은 아직도 저에게 고맙다는 말을 많이 하는데요.

05. 더샵명지퍼스트월드(메인테마 : 택지지구 신도시)

제가 그 때 갈아타기를 추천한 이유는 오션시티가 10년차가 다가오면서 상권이나 학군이 안정화 되는 반면 단지들이 준신축으로 넘어가는 단계고 명지국제신도시로 수요를 뺏기는 상황이었고 앞으로 더 가속화 될 것이기 때문에 가능하면 명지국제신도시 중심상가 근처 대장단지로 갈아타기를 하라고 했습니다.

그게 명지포스코고 더힐시그니처(구 명지부영)였죠. 왜 그 단지들이 대장 단지가 될 것이라 봤냐면 중심상가와 가장 가깝고 역과 학교를 가장 원활하게 움질 일 수 있는 입지에 있었기 때문입니다.

더힐시그니처(구 명지부영)는 초등과 중학교를 품고 있어서 실거주 선호도가 더 높죠.

부영이라는 비선호 브랜드를 입지로 압도하는 케이스였죠.

첫번째로 일자리라고 생각해요. 일자리가 있는 지역과 인접한 곳에 조성된 신도시는 실거주 측면에서도 만족스럽고 꾸준한 수요가 뒷받침되기에 투자 가치 또한 좋다고 생각해요.

빠꾸미님 지인의 사례만 봐도 거제 조선소에 근무하는 직장인들이 출퇴근 가능한 부산의 주거지로는 명지가 딱이죠. 부산에 거주하며 주변 인프라를 즐길 수 있고 직장에 부담없이 출퇴근 할 수 있는 거리이기에 명지신도시의 가치는 일자리가 없어지지 않는 한 계속되겠죠.

두번째로는 교통망이라고 생각합니다. 신도시이지만 도심과 연결되는 지하철이나 광역철이 생긴다면 도심과의 접근성이 높아져서 인기는 더욱 올라갈 것이라 생각됩니다.

마지막으로는 미래투자가치라고 생각합니다. 앞으로 형성될 신도시 주변으로 어떤 계획이 잡혀있는지를 살펴보면 미래 투자 가치를 어느 정도 가늠할 수 있을 것이라 예상됩니다.

다들 신도시에 살아보거나 투자해보신 경험이 있는가요? 개인적으로 저는 명지 협성휴포레 아파트 분양권을 사서 입주한 경험이 있습니다. 저의 첫 분양권 투자였는데요.

저에게는 굉장히 소중한 경험이고, 실거주 겸 투자였다고 생각합니다. 분양권 매수, 그리고 준공 후 잔금대출로의 전환, 등기 등 일련의 과정들을 모두 경험해볼 수 있었거든요.

그리고 무엇보다도 새아파트에 살아본다는 경험은 혁신 그 자체였습니다. 22평이었는데 3베이 방3개, 욕실 2개의 구조, 단열/방음이 잘 되는 샷시, 지하주차장 등이 주변 부족한 상권/환경을 상쇄시켜줄만큼 만족스러웠거든요. 특히 신도시는 특성상 구조에 서비스면적이 많이 들어가니까요 ㅎㅎ

05. 더샵명지퍼스트월드(메인테마 : 택지지구 신도시)

그 시간동안 아파트 주변에 상권이 채워지는 과정도 보게 되었고 (상가에 다양한 업종 입점, 상업지 상가 신축 현장 등), 명지국제신도시에 관심을 가지고 공부하게 되면서 도시가 만들어져가는 과정도 자연스럽게 지켜보게 되었거든요.

이 과정 속에서, 왜 사람들이 신축을 좋아하는지, 신도시 내 어떤 입지가 A급지인지, 왜 젊은 사람들이 신도시에 모이게 되는지, 어떤 호재가 진짜 호재인지를 자연스럽게 체득하게 된 것 같아요. 이런 것들이 다음에 다른 신도시 투자할때 당연히 도움이 되겠지요. 아직 신축에 살아보지 않은 분이라면, 아직 신도시에 살아보지 않은 분이라면 꼭 기회를 만들어서 한번 살아보시길 권합니다.

다른 분들도 신축이나 신도시 등.. 본인이 살면서 느껴본게 있다면 썰 좀 풀어주세요~

저는 결혼하고 지금까지 두번의 구축 리모델링을 거쳐서 최근에 신축 아파트에 처음으로 입주한 경험이 있습니다.

사실상 제가 태박님과 인연을 맺게 된 것도 태박님 유튜브를 보고 마음에 드는 아파트가 생겼기에 이사를 고려하게 되었고, 여러 타이밍이 맞아 해당 아파트의 분양권을 구입해서 신축아파트에 바로 입주할 수 있었지요.

제가 입주한 아파트는 미분양아파트로 출발해서, 사전점검을 거친 후 프리미엄이 붙었던 케이스인데요.

매수 과정에서 부동산이 가격확인을 제대로 안 한 바람에 큰일날뻔 했었던 기억이 납니다.

당초 부동산에서 매물로 안내한 프리미엄이 500만원 정도였기에 가벼운 마음으로 계약을 체결하겠다고 결정하고 저희가 살고 있던 집을 급매로 저가에 매도했는데(선매도 후매수!), 막상 계약을 체결하겠다고 하니 이후 분양권 매도자가 프리미엄을 5000만원으로 상향 제시했고, 저와 아내가 황당해서 해당 부동산 사무실에서 상당히 좋지 않은 분위기가 연출되기도 했었지요.

결국 다른 부동산을 통해 당일에 계약이 가능한 매물을 몇군데 더 본 후에 차선으로 선택한 집이 지금 집이 되었습니다.

신축아파트의 장점이라면 여러가지를 꼽을 수 있는데, 지상공원화 단지, 주차유도시스템 등의 장점을 제외하면, 개인적으로는 원패스 시스템의 편리함과 시스템 에어컨의 효율을 꼽고 싶네요ㅎㅎㅎ

원패스 시스템은 조그마한 키를 지니고 있으면 그 자체로 공동현관문이 개방되고, 엘리베이터 등이 자동으로 호출되는 시스템이고요, 아파트에 따라서는 주차위치 자동저장 기능 등도 있어서 실생활에서 도움이 되는 시스템이었습니다.

05. 더샵명지퍼스트월드(메인테마 : 택지지구 신도시)

또한 시스템 에어컨의 경우, 우선 에어컨이 차지하는 면적만큼 실사용 면적이 늘어나서 생활이 쾌적하다는 점, 각 방에 설치된 경우 계절과 날씨에 구애받지 않고 방을 모두 활용할 수 있다는 점이 좋더라고요.

이건 저희 아파트만의 장점(?)이긴 한데, 신축 아파트임에도 불구하고 에어컨 실외기를 아파트 외부에 설치가능해서 에어컨 효율이 좋습니다.

예전에 살던 아파트에서는 실외기 과열로 인해서 상당히 스트레스를 받았었지요.ㅎㅎ

다만 신축아파트 입주의 단점이 있다면 입주 후 상당 기간동안 입대위 등이 구성되지 못해, 커뮤니티를 사용할 수 없고, 아파트 관리 부분에서 미흡한 점이 있다는 점 정도겠습니다.

제 투자의 대부분은 수도권 신도시 투자입니다. 신도시 투자의 가장 큰 장점은 프리미엄을 적은 돈으로 사서 투자를 한 후에 시간이 지나면 자연스럽게 투자 자금을 회수하고 자산도 증식한다는 장점이 있습니다.

보통 신도시가 조성되서 시범단지가 분양하고 입주하고 5년이 지나면 상권이나 학군이 자리잡으면서 교통 상권 학군 등 좋아져서 전세가도 오르면서 매매가도 오르는 현상이 일반적입니다.

> 보통 매매가 전세가 오르고 상권이 다 형성되는 5년 이후에 많은 분들이 매매를 하는데요. 그때는 투자로서 너무 늦습니다.

> 그냥 조감도만 보면서 흙먼지 펄펄 날리면서 상가하나 하나 들어올 때 불편함과 기쁨을 느껴야 신도시에서 수익을 남길 수 있습니다.

> 부산 부동산 카페인 실전카페에서 명지에서 스타벅스 하나 들어올 때 맥도날드 들어올 때마다 호재라고 외칠 때 이해가 안 됐는데 제가 신도시에 살아보니 정말 호재가 맞더라고요. ㅎㅎ

> 삶의 질이 확 올라갑니다.

> 양산 사송 신도시 분양이 한창일 때 무주택자 지인에게 주택 청약을 강력 추천했던 적이 있었어요. 부모님과 함께 사는 곳이 금정구라 새로 조성될 양산 사송 신도시와 가깝고 분양가도 상대적으로 저렴하다고 생각했기 때문이죠.

> 이것저것 망설이다 결국 분양 시기를 놓쳤고, 프리미엄이 5,000만원 정도 형성되었을 때 두번째 추천했었어요. 같이 현장도 임장 갔었는데, 이제 막 아파트가 지어지고 있던 상황이었고 주변에 인프라가 조성되어 있지 않은점, 분양가에 잡을 수 있었으나 프리미엄을 주고 사야한다는 압박감에 결국 매수를 못하더라구요.

05. 더샵명지퍼스트월드(메인테마 : 택지지구 신도시)

그때 신도시 투자는 정말 쉽지 않다는 것을 느꼈고, 첫 매수 또한 어렵다는 것을 느낄 수 있었답니다.

명지더샵 이야기로 돌아와보죠. 명지더샵이 가장 많이 까였던 부분이 좁은 동간간격으로 인한 일조권 문제였습니다. 하락기때는 가루가 되도록 까였던 동간간격이, 상승기로 전환되니 쏙 들어가버렸습니다.

우리가 동간간격이라는 가치에 속아버린 것일까요? 동간간격은 아파트값과 무관한 것일까요? 이번 케이스처럼, 실제로는 아파트의 가치에 영향을 덜 미치는 요소에는 어떤 것이 있다고 생각하세요?

_ 동간간격으로 논란이 되었던 모델하우스 단지모형도

_ 103

명지포스코 동간 간격 관련해서는 저에게 아픈 기억이 있는데요. 바로 저희 장인어른과 장모님이 사하구 당리동에 사시고 직접 경작하시는 밭도 명지에 있어서 명지포스코에 항상 관점이 많으셔서 제가 적극 추천을 해서 임장도 같이 갔었는데요.

그때 저에게 장모님이 하신 말이 동간 간격이 너무 좁아서 일조가 안 좋아서 살기 힘들겠다. 이런 말씀을 하시고 제가 그럼 프리미엄을 더 주고 앞동을 사면 나중에 더 많이 오를 것이다. 라고 추천을 드렸는데 장인어른이 결국 매수를 하지 않았고 아시다시피 그 이후로 두배가 올랐습니다.

지금도 저는 명지 포스코만 보면 그 때의 가격이 떠올라서 마음이 아픈데요. 그래도 지금은 제가 사직동을 추천해서 실거주로 사직동으로 이사가서 시세 상승을 일정 부분 남겨서 다행이라고 생각합니다.

이 일화와 같이 명지포스코의 좁은 동간 간격은 단점이 확실하지만 상승장에서는 대장아파트 입지로 다 눌러 버리는 케이스라고 볼 수 있습니다. 사실 명지포스코 입지는 투자자 뿐만 아니라 실거주도 다 알 수 있는 좋은 입지입니다. 좁은 동간 간격을 입지로 다 커버가 가능한 단지라고 볼 수 있죠.

하락장에서는 이런 단점이 더 부각 되지만 상승장에서는 이런 단점은 장점으로 다 커버됩니다.

05. 더샵명지퍼스트월드(메인테마 : 택지지구 신도시)

또 한가지 크게 영향을 안 미치는 건 대단지가 아닌가 싶어요. 요즘 트랜드가 메머드급 초 대단지가 유행이고 선호되기는 하지만 사실 부산 대표 아파트로 시세를 리딩하는 단지는 대부분 1천세대~2천세대가 많습니다. 그래서 일정 수준의 세대수만 만족한다면 상대적으로 큰 영향을 미치지 않는 게 세대수가 아닌가 싶어요.

흠… 저는 개인적으로는 실생활에 직접적인 영향을 미치지만 가격에 큰 영향이 없다고 생각되는게 엘리베이터와 주차대수인 듯합니다.

위에서 말씀드린 요소나 태박님이 언급하신 요소는 모두, 실생활에서만 느낄 수 있는 문제인데, 이러한 요소들이 아파트 가격에 큰 영향을 미치지 않는 이유 중 하나는, 많은 수의 매수자들이 직접 문제들을 겪어보지 않았기 때문이라고 생각합니다.

저도 사실 마찬가지의 케이스인데, 종전에 살던 아파트가 10년을 넘어서는 아파트이긴 했지만, '지상에 완전히 차 없는 단지, 주차대수 1.5대 이상, 최소 2세대 당 2엘리베이터.'를 모두 만족하는 아파트였는데, 오히려 최근에 이사온 최신축 아파트가 위 조건에 다소 미달되어 황당했거든요.

하지만 알수가 없었지죠. 이사와서 직접 살기 전에는 말입니다ㅎㅎㅎ

4인 4색 **부산 부동산** 단톡방 엿보기

 미비하다 생각해요. 보통 아파트 가치를 고려할 때 6종 세트(브역대신평초)를 가장 먼저 살펴보죠. 여기서 동간 간격이 빠진 것만으로도 중요한 요소는 아니라고 생각합니다. 물론 살다보면 동간 간격이나 일조량 등이 중요한 요소가 될 수 있으나, 아파트 가격에는 크게 영향을 미치지 않는다고 생각합니다.

더군다나 신축 아파트일수록 동간 간격이 구축 아파트에 비해 넓을 가능성이 거의 없기때문에 실거주의 아쉬운 부분이 될 수 있겠으나 동간 간격으로 아파트를 결정하는 경우는 거의 못 본 것 같아요.

05. 더샵명지퍼스트월드(메인테마 : 택지지구 신도시)

> ### 신도시 투자에 있어 유의할 점

저는 수도권에서는 다산신도시, 운정신도시 등을 통해서 자산 증식을 많이 했기 때문에 신도시 분석을 많이 했습니다.

1기 신도시와 2기 신도시의 사례 그리고 부산에서는 명지국제신도시와 일광신도시의 사례를 통해서 신도시 투자법에 대해서 어느 정도 이론화 하기도 했는데요. 주요 포인트만 뽑아 보자면 아래와 같습니다.

1. 신도시 매수하는 사람들과 투자 타이밍

누가 신도시 아파트를 사느냐의 관점에서 투자의 포인트를 잡는 방법입니다.

신도시 같은 경우 인프라와 아파트 자체가 다 신축이기 때문에 매매를 하는 실거주자나 전세 세입자 역시 30대 중반~40대초반의 비교적 젊은 사람들이 많이 삽니다.

원도심 초등학교 같은 경우에는 초등학교 학생수가 적은데 신도시 초등학교는 대부분 과밀에 주변 놀이터만 가더라도 어린 아이들로 북적 대는 걸 보면 확실히 젊은 사람들이 선호하는 게 신도시라는 걸 알 수 있습니다.

실제로 저도 신도시에 살고 있는데 이런 분위기를 실제로 잘 느낍니다.

이 젊은 사람들의 특징이 뭔지 아십니까?

바로 투자에 관심이 많고 온라인 상에서 적극적인 사람들이라는 것입니다.

이 사람들은 부동산 온라인 카페에 적극적으로 홍보도하고 오프라인으로도 많은 활동을 하는데 어느 도시가 상승장에 접어들면 신도시가 많이 오르고 또 적극적인 사람들이 많은 이유도 매수를 하는 주체가 젊은 사람들이라 더 효과가 좋다라고 볼 수 있습니다.

또 상승장에 접어들면 투자자들도 대도시 신도시에 관심이 많기 때문에 투자재로서 인기도 좋습니다.

어느 도시가 사이클 상 상승 초반이라면 1급지 상승 이후 신도시를 주목해 보시면 투자에 도움이 될 겁니다.

2019년 하반기 부터 부산 상승장일 때 1급지 해수동 신축 재개발 재건축 상승 이후 명지신도시와 일광신도시가 오른 이유 입니다.

또 이 사람들 특징은 신축에 더 많이 민감하다는 겁니다. 신도시에서는 아파트가 5년만 지나면 구축이다 라고 표현할 정도로 신축 여부가 매우 중요하죠. 그래서 신도시 인프라가 완성되는 건 10년이지만 아파트가 노후화 되기 전에 인근 신도시로 갈아타기를 강조하는 이유입니다.

2. 공급으로 보는 신도시 투자

신도시 투자를 많이 해 본 사람이라면 아시겠지만 신도시 분양은 비슷한 시기에 다 진행이 됩니다. 아무래도 신도시 토지 개발이 비슷한 시기에 이뤄지고 또 건설사에 입찰도 비슷한 시기에 진행 되니 분양도 가능하면 빨리 진행하고 싶을 것이고 이렇게 진행이 되다 보니 분양도 입주도 비슷한 시기에 진행 된다는 특징이 있습니다.

일광 신도시를 예를 들어서 설명해 보겠습니다.

일광자이푸르지오 1단지 2단지 입주가 2020년 1월 이편한세상일광 입주가 2020년 1월 약 2400세대 이상이 같은 시기에 진행 됐고 바로 3개월 뒤인 2020년 4월 일광 비스타, 이지더원 약 1300세대 이상이 입주가 진행 됐습니다.

이렇게 비슷한 시기에 입주장이 동시에 진행 되면 어떤일이 벌어질까요?

네 바로 매매와 전세 모두 약세 현상이 일어나고 등기 치기 어려운 사람들은 급매로 매도하게 됩니다.

2020년 2월~4월에도 동일한 현상이 일어나서 이때 일광자이 매수를 검토 했기도 했습니다. 그때 급매 가격이 4억대였으니 그 이후로 입주장이 끝나고 부산 대세 상승장을 맞아 7억 이상이 형성 됐죠.

그리고 또 한번 가격 조정 후 상승하는 시기가 있는데 바로 입주장 2년 뒤인 비과세 매도 물량과 2년 전세 물량이 나오는 2022년 2월~4월까지의 시장입니다.

05. 더샵명지퍼스트월드(메인테마 : 택지지구 신도시)

이 시기에 또 한번 비과세 매도 급매가 나오고 이 시기만 또 잘 지나면 가격이 또 올라가는 현상이 신도시에서 일반적으로 있습니다.

저 역시도 파주 운정 힐스테이트에 GTX A노선 역세권을 보고 투자를 결심했는데 힐스테이트 3천세대 바로 옆단지 푸르지오 2천세대가 동시에 입주하는 시장에서 급매를 사서 많은 시세 상승을 경험 했습니다.

3. 신도시 투자는 갈아타기를 잘해야 한다.

제 지인이 가장 많이 사는 곳이 명지국제신도시 더힐시그니처(구 명지부영)라고 말씀 드렸는데 그 이유가 오션시티에 살고 있는 지인들을 설득시켜서 명지국제신도시 중에서도 대장 입지에 갈아타기를 강조해서 그 분들이 많이 이사를 한 이유인데 갈아타기 후 많은 자산 증식을 경험했습니다.

그렇게 추천한 이유도 오션시티 옆 더 입지가 좋은 신도시가 조정한다면 10년차로 구축에 접어드는 신도시는 수요에서 소외 되는 현상으로 새로운 신도시에 갈아타기를 해야 하고 이왕이면 대장급 단지에 갈아타기를 해야 많은 시세 차익을 남길 수 있으며 실거주 만족감도 크다고 했습니다.

실제로 이런 현상이 현실에서 진행이 되고 있고요. 지금도 더힐시그니처(구 명지부영)에서 실거주 만족감도 크다고 합니다. 제가 더힐시그니처(구 명지부영)이나 포스코에 추천을 한 이유는 지금은 명국에서 애일린의 뜰 앞 11자 상가가 주요 상권이지만 향후 중심상가가 더힐시그니처(구 명지부영)과 포스코 쪽으로 생기기 때문에 개발축이 그쪽으로 이동할 것이고 그러면 수요의 이동으로 가격 상승에 차이가 생길 것이라 예상했습니다. 신도시 투자를 고려한 다면 미래 중심 상권이 어디에 형성 되는지를 꼭 봐야 합니다.

신도시 대장 단지는 중심상가 인근, 초중고 가까운 단지로 찾아보면 쉽게 찾을 수 있습니다. 지하철 역사는 대부분 중심상가쪽에 하나는 생기기 때문에 이 부분만 체크하면 쉽게 할 수 있습니다. 신도시 투자할 때 이 몇가지만 체크해도 실패하지는 않을 겁니다.

■ 4인 4색 부산 부동산 단톡방 엿보기 ■

해운대롯데캐슬스타(메인테마 : A급지 주상복합, 조망의 가치)

◎ 위　　치 : 부산 해운대구 중동
◎ 준　　공 : 2020년 9월
◎ 세대수 : 828세대 (총 4개동)

　태박이　　유동닉　　연산댁　　부산빠꾸미

해운대롯데캐슬스타는 국평 가격 Top5에 들어가는 명실상부 부산 대장아파트입니다.

하지만 이 아파트도 분양 당시에는 너무 비싸다고 외면 받았던 곳인걸 기억하시나요? (분양가 7억)

까이는 것 중 하나가 바로 주상복합이라는 점이었는데요. 좁은 부지에 빽빽한 간격으로 들어가는 주상복합은 가격이 오르지 않는다고 하는 말을 많이들 들어보셨을 거에요.

4인 4색 부산 부동산 단톡방 엿보기

순위	아파트명	준공	위치	실거래가 (전용84m²)	거래년월
1위	마린시티자이	2019	해운대구 우동	18.3억원	2021.08
2위	트럼프월드 센텀	2006	해운대구 우동	17.5억원	2022.04
3위	경남마리나	1996	해운대구 우동	17.0억원	2021.03
4위	해운대롯데캐슬스타	2020	해운대구 중동	16.5억원	2021.04
5위	e편한세상오션테라스4단지	2020	수영구 민락동	16.2억원	2022.06

_ 실거래가 Top5

지금은 그러한 대중의 평가가 많이 바뀌었는데요, 주상복합에 대해서 어떻게 생각하세요? 주상복합에 투자해도 될까요? 투자해도 되는 주상복합과 투자하지 말아야 할 주상복합이 있을까요? 주상복합을 선택할 때 주의해야 할 점은 어떤게 있다고 생각하세요?

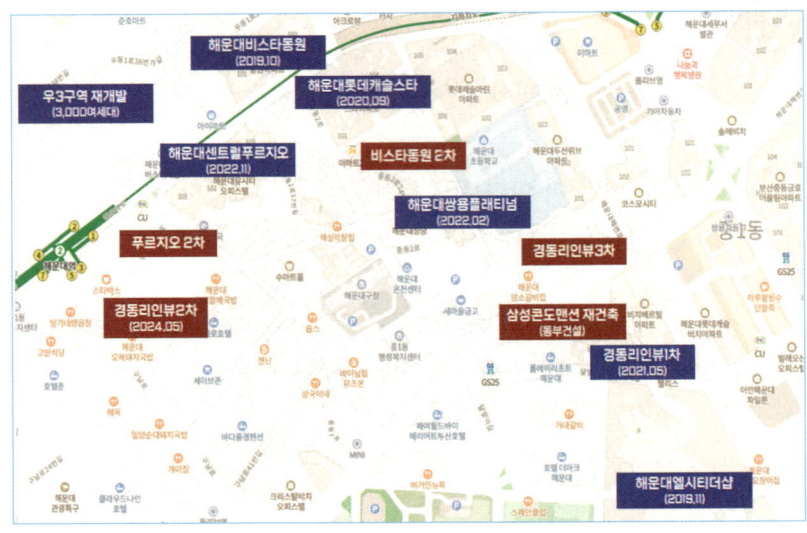

_ 해운대 중동 개발계획

06. 해운대롯데캐슬스타(메인테마 : A급지 주상복합, 조망의 가치)

제가 요즘에 가장 많이 공부를 하는 투자 시장이 대구부동산이거든요. 앞으로 부동산 투자의 방향에 있어서 고민인 분들은 부산 뿐만 아니라 지금부터 하락장에 진입하는 대구 부동산도 눈여겨 보시면 좋을 듯 합니다. 프리미엄이 4천만원 이하인 5~6억대 주상복합이 정말 많은 곳이 대구 부동산이거든요.

부산 시민의 경우에는 주상복합에 대해서는 약간 선입견 같은게 있습니다. 대단지 아파트는 커뮤니티가 활발하고 좋고 조경도 좋으면서 관리비도 저렴하다는 이미지가 있는데 반대로 주상복합의 경우 입지가 좋은 상업지를 용적률 최대로 해서 짓는 형태이기 때문에 보통 커뮤니티가 작고 조경이 적으며 관리비가 비싸다는 인식이 있습니다.

그래서인지 입지가 양호한 서면 더샵센트럴스타나 동래 벽산아스타의 경우에도 초창기에는 많은 시세 상승을 못하다 최근 전국적 상승장에 늦게 올라간 케이스인데요. 아파트와 비교하면 상승률이 조금 낮습니다.

부산에서는 대단지 아파트가 계속 공급을 하기 때문에 상대적으로 주상복합이 희소하지 않아서 가격 상승이 더디다고 생각을 하는데요.

부산에서 주상복합으로 성공한 케이스가 몇 군데 있습니다.

바로 마린시티를 포함한 해운대 주요 입지의 주상복합들이 다 성공했고요. 시민공원이 보이는 삼한골든뷰센트럴파크입니다. 부산에서 성공한 주상복합을 분석하면 입지적 장점 뿐만 아니라 그 단지에서만 누릴 수 있는 멋진 뷰가 있다는 공통점이 있습니다. 마린시티는 바다뷰가 있고 삼한골든뷰는 시민공원뷰가 있죠. 부산에서 주상복합의 성공 방정식은 뷰가 아닌가 생각이 들었어요.

또 성공한 주복 사례를 보면 주변에 도보 가능한 초등학교가 있고 주복의 조경 한계를 커버하는 인근 공원 인프라 있는 곳이라는 공통점도 있었습니다.

결국 주상복합의 한계를 커버 가능한지 여부가 중요한 듯 합니다.

저도 실거주하기 좋은 아파트가 투자하기에도 좋다는 관점에서 본다면,

투자해도 좋은 주상복합은 도보 3분이내 거리에 공원이 있고, 도보 15분 이내에 학교가 해결되는 경우, 살고 싶은 주상복합이라고 생각합니다.

06. 해운대롯데캐슬스타(메인테마 : A급지 주상복합, 조망의 가치)

개인적으로 생각하는 주상복합에서 거주할 시에 느낄 수 있는 두가지 단점이 바로 녹지와 학교라고 생각하거든요.

말하고 보니 빠꾸미님하고 생각이 같네요.

이러한 부분이 해소된 예로 시민공원이 가깝고, 학교가 가까워질 예정인 삼한골든뷰 센트럴파크가 있고요. 앞으로 지어질 시민공원 촉진구역 아파트들도 포함된다고 생각합니다.

언급하신 해운대롯데캐슬스타 역시 학교도 가깝고 그린레일파크가 바로 인접해 있기 때문에 살아보고 싶은 주상복합입니다.

제가 부동산에 관심을 가지던 시기에는 주상복합이나 오피스텔은 안오른다라는 말이 많았어요. 실제로 마린시티 주상복합의 경우에도 생각보다 저렴했던 시절이 있었죠.

하지만 부동산 상승기에 입지가 좋은 주상복합의 경우 분양가의 2배를 넘어서 부산의 대장 아파트로 자리매김 했죠. 그리고 오피스텔의 경우에도 아파트 대출 규제때문에 대체재로 떠올라 가격이 많이 상승하였어요.

_ 115

4인 4색 **부산 부동산** 단톡방 엿보기

> 이런 점에 비추어봤을 때 사람들이 선호하는 입지에 있는 주상복합이나 오피스텔은 충분히 가격 상승의 가능성이 있다고 생각해야 할 것 같아요.

> 해운대 센트럴 푸르지오 분양 당시 부산 부동산 시장 분위기가 좋지 않아 미분양 났고, 어떻게든 하나 잡아보겠다고 모델하우스를 여러번 갔었어요. 하지만 주상복합은 오르지 않는다는 고정관념에 사로잡혀 결국 잡지 못했죠.ㅠㅠ

> 해운대롯데캐슬스타도 계속 되는 대출 규제와 좋지 않은 부산 부동산 분위기로 5,000만원 이하 프리미엄으로 던지는 분양권이 많았었어요. 그것도 이리저리 망설이다가 잡지 못했죠. 둘중에 하나라도 잡았으면 지금쯤…. 제가 놓친 아파트 중 가장 아쉬운 아파트이에요.

> 해운대롯데캐슬스타는 부산에서 실거래가 Top5에 들어갈 정도로 매매가격이 높고, 전세가격 역시 최고가 7억을 기록하며 Top10 안에 들어가네요. 매매가, 전세가 모두 높은 가격대를 형성하는 특별한 이유가 있을까요?

06. 해운대롯데캐슬스타(메인테마 : A급지 주상복합, 조망의 가치)

순위	아파트명	준공	위치	실거래가 (전용84m^2)	거래년월
1위	래미안장전	2017	금정구 장전동	8.1억원	2021.06
2위	마린시티자이	2019	해운대구 우동	8.0억원	2022.04
3위	쌍용더플래티넘 사직아시아드	2020	동래구 사직동	8.0억원	2022.03
4위	트럼프월드센텀	2006	해운대구 우동	7.5억원	2021.07
5위	광안쌍용예가디오션	2014	수영구 광안동	7.5억원	2021.12
6위	해운대경동리인뷰1차	2021	해운대구 중동	7.1억원	2022.01
7위	대연힐스테이트푸르지오	2013	남구 대연동	7.0억원	2021.07
8위	롯데캐슬더클래식	2017	동래구 사직동	7.0억원	2021.10
9위	해운대롯데캐슬스타	2020	해운대구 중동	7.0억원	2021.07
10위	시청역비스타동원	2019	연제구 연산동	7.0억원	2021.07

_ 전세 실거래가 Top10

해운대 중동의 몇안되는 신축인데 더 이상 설명이 필요할까요? 그냥 해운대 신축은 묻지도 따지지도 않고 가격만 적당하면 사면 된다. 이런 말도 있잖아요. 그만큼 해운대 원도심에서 개발할 땅도 적고 앞으로 분양할 물량도 제한적이죠. 개발을 한다고 하더라도 토지 보상비가 비싸서 분양가는 계속 올라갈 수 밖에 없습니다.

신축 공급이 적으면 전세도 매매도 가격 상승이 꾸준히 할 수 밖에 없죠. 해운대 신축을 공급측면에서 보면 희소성 때문에 오르지만 여기는 초등도 가깝고 학군도 나쁘지 않고 역세권이라 입지로서 깔게 별로 없습니다.

4인 4색 부산 부동산 단톡방 엿보기

해운대 프리미엄 아닐까요? 부산 사람이라면 누구나 해운대에서 한 번쯤 살고 싶어하고, 외지인들도 부산 하면 가장 먼저 떠올리는 곳이 해운대잖아요. 그만큼 실수요와 투자수요가 탄탄한 곳이라 생각해요.

걸어서 해운대 바닷가를 누릴 수 있는 해운대구 중동에 위치한 신축 아파트의 가치는 날이 갈수록 더 커질 것이라 예상됩니다.

해운대롯데캐슬은 49층짜리 주상복합으로, 해운대 바다를 낀 초고층 건물입니다. 이와 관련하여 조망 이야기를 하고 싶은데요.

3가지로 분류하자면 1)바다조망 세대, 2)시티조망 세대, 3)저층 비조망 세대로 나뉠 수 있겠습니다. 바다조망 세대 가격을 100으로 본다면, 시티조망, 저층 비조망 세대의 적정 가격을 얼마 정도로 볼 수 있을까요?

이와 유사한 사례 등을 잘 분석하고 숙지해놓는다면, 급매물 또는 저평가매물을 선별할 수 있게 될 것 같습니다.

06. 해운대롯데캐슬스타(메인테마 : A급지 주상복합, 조망의 가치)

> 법원에서는 조망이 '특별한 가치'를 지니는 경우에, 신축 건물로 인해 조망을 가리는 경우, '시세가 하락하는 손해'를 입었다고까지 판단한 예가 있기 때문에, 같은 단지 내에서도 조망권은 상당히 중요한 요소라고 생각합니다.

> 특히 부산에서 최근 해안라인의 아파트들 가격이 오른 이유 중에는 '바다조망' 내지 '광안대교 조망'이 한몫 했다고 생각하고요.

> 한편 해운대롯데캐슬스타에 한정하여 굳이 점수를 준다면 시티조망 세대는 90점, 저층비조망 세대는 75점 정도가 아닐까 싶습니다.

> 조망은 개인 취향이 크게 작용하는 영역인데, 해운대롯데캐슬스타의 경우 바다가 멀리 보이는 면이 있으므로 호불호가 있지 않을까 싶어요.

> 저층의 경우 비조망과 더불어 일조가 조금 걱정되어 다소 감점을 더 준 편입니다.

> 결국 조망 값은 희소성이 얼마나 있느냐고 그것을 매수한 사람의 지불능력에 달렸는데요. 해운대 같은 경우에는 부산의 부자들이 살 뿐만 아니라 전국의 부자나 연예인도 바다뷰가 나오는 아파트를 세컨하우스로 사 놓는다고 하더라고요. 얼마전에도 부산 최고가 펜트하우스를 연예인이 매수를 해서 부동산 카페가 들썩인 적도 있습니다.

그만큼 부산에서 바다뷰 특히 광안대교뷰는 희소 가치가 있고 상승장에서는 부르는 게 값이라고 합니다.

우리 처제도 저를 따라서 투자를 수도권부터 하다가 수익을 남겨서 본인이 모은 자금과 함께 마린시티 주상복합을 매수 했는데 이때도 저는 가능하면 광안대교뷰가 나오는 것을 조금 비싸더라도 사라고 조언을 했습니다.

그리고 1억 이상을 더 주고 광안대교 뷰가 나오는 매물을 찾았는데요. 나중에 매도를 할 때 고려하면 사고 싶어도 못사는 그런 매물이 될 수 있기 때문입니다. 사고 싶어도 못사는 매물은 부르는 게 값입니다.

시세 상승시 더 많이 상승한다는 것이죠.

이렇게 조망이 좋은 단지는 10%이상 가격이 더 비싸고 상승시 20%이상 가격 차이가 나기도 합니다.

제가 대연 혁신을 투자 검토할 때도 앞동 판상형 바다뷰 매물은 비조망과 10% 정도 시세 차이가 났는데 상승장 이후에는 20% 정도까지 가격 차이가 나더라구요.

그런 측면에서 접근하면 바다조망 세대가 100이면 시티조망은 85, 저층 비조망은 75 정도로 구분 할 수도 있겠네요.

> 서울에서는 한강뷰가 나오는 아파트에 사는 것이 많은 사람들에게 부러움의 대상이 되듯이 부산에서는 해운대 바다 조망과 광안대교 조망이 나오는 아파트가 가격을 주도한다고 생각해요. 그러한 관점에서 해안가 주변 아파트는 바다 조망이 가장 중요하다고 생각합니다.

> 바다조망 세대 가격이 100이라면 시티조망은 80, 저층 비조망 세대는 70이라고 생각해요. 하지만 부동산 시장의 분위기와 여러가지 다른 조건들에 따라 조금씩 차이가 날 것 같아요.

> 실제로 광안대교 뷰가 나오는 한 아파트의 경우 부산 부동산 시장이 좋지 않았던 시절에는 광안대교 뷰가 보이는 매물과 보이지 않는 매물의 가격차이가 심하지 않았어요. 하지만 입주장이 다가오고 부산 부동산 시장이 상승장으로 전환되며 분위기는 급 반전했죠.

> 광안대교 뷰가 보이는 매물의 경우 입주장에 프리미엄이 3억까지 치솟았고, 시티조망의 경우 1억선이었어요. 상승장에서의 가격 차이가 심해지는 것도 있지만 나중에 매도할 것까지 생각한다면 (가용 범위 예산이 허락하는 선에서) 바다조망이 나오는 매물을 잡는 것이 이득이라고 생각합니다.

개인적인 썰을 하나 떠오르는데, 저는 2017년 3월 롯데캐슬스타 당첨자발표 직후 5층을 프리미엄 2,000만원에 매수하려고 했었습니다. 결국 계약이 성사되지 않아서 겟 하지는 못했지만, 그 당시 저는 프리미엄 2,000만원 이하로 저층이라도 싼마이로 잡는다라는 나름의 기준을 세우고 있었습니다. 돈은 없었지만, 해운대에는 집을 가지고 싶었기 때문이었죠 ㅎㅎ

물론 바다뷰가 보이는 확실한 매물이 더 좋은 투자가 되겠지만, P 2,000만원짜리 5층 물건을 잡았어도 좋은 투자가 되었겠네요.

생각해보면 고층 조망단지에서 조망이 없는 저층매물을 잡는 건 정말 대단한 용기가 필요하다고 봐요. 해운대롯데캐슬스타, 해운대센트럴푸르지오 사례에서 보듯이요.

	분양가	실거래가	상승액	상승율
7층	61,000	120,000	59,000	97%
49층	70,900	165,000	94,000	133%

해운대뿐만 아니라, 다른 곳에서도 입지좋은 비조망 세대들이 계속 나올텐데, 어떤 선택을 하실 것 같은가요?

06. 해운대롯데캐슬스타(메인테마 : A급지 주상복합, 조망의 가치)

저는 투자자니깐 투자자의 관점에서 투자의 팁을 하나 드려도 될까요?

이런 조망이 중요한 단지에서 비조망 세대나 대단지에서 못난이 매물 다 비슷한 상황이라 같은 관점에서 투자로 말씀을 드리자면 고층 조망단지를 투자할 때와 비조망 단지나 못난이 매물을 투자할 타이밍은 따로 있다는 것입니다.

고층 조망단지 일명 RRR(로열동 로열층 로열뷰) 매물을 사야 하는 타이밍은 하락장이 꾸준히 계속 되는 하락장에서 사던가 본인이 투자의 흐름이나 시장의 흐름을 잘 보는 사람이라면 하락장에서 상승장으로의 변곡점에 사면 좋습니다.

왜냐하면 상승장으로 접어들 때 일명 RRR 매물이 가장 먼저 오르고 가장 많이 오르기 때문에 오르기 직전에 사면 가장 투자 효과를 많이 누리겠죠?

반대로 비조망이나 저층 못난이 매물등은 하락장에서 팔리지도 않고 상승장에서도 시세 상승이 더딘데 그래서 대단지에서나 고가 아파트 상승장에서 이런 매물이 시세 상승에 발목을 잡는 케이스가 많습니다.

앞서 대단지에서 비선호 동과층 매물이 안 팔려 시세 상승이 더딘 케이스랑 비슷하죠.

4인 4색 부산 부동산 단톡방 엿보기

상승장에서 이런 매물이 거래가 되기 시작하고 거의 다 팔리기 직전에 투자를 하면 이것 역시 시세 상승에 많은 효과를 누릴 수 있습니다. 못난이 매물, 저층 매물, 비조망 매물이라해서 항상 투자가치가 없는건 아닙니다.

이걸 활용한다면 더 좋은 투자법이 될 수도 있죠.

빠꾸미님 의견에 공감합니다. 하락장일때는 프리미엄 차이가 크지 않기에 조금 더 돈을 주고 RRR매물을 잡는 것이 이득입니다. 물론 매물이 나왔을 경우죠. (부동산 하락장일 때도 해운대롯데캐슬스타의 경우 고층 매물은 거의 없었음)

하지만 상승장에는 프리미엄 차이도 상당하고 이미 가격이 올랐기에 가성비 좋은 저층 비조망 매물을 잡는 것도 나쁘지 않다고 생각해요. 우선 인기 많은 단지에 입성했고 집안에서 조망은 즐길 수 없지만 집밖을 나오면 바로 바다조망을 즐길 수 있기 때문이죠. 그렇게 실거주하다가 부동산 시장 분위기가 좋을 때 RRR보다 저렴하게 매도해도 투자와 실거주, 두마리 토끼를 다 잡을 수 있다고 생각합니다.

태박님도 참 썰이 많네요ㅎㅎ. 저라면 단지 자체의 장점이 너무 매력적이라면 비조망 세대라고 하여도 거주할 의향이 있습니다.

다만 해당 세대가 일조가 보장되는지, 동간거리 등으로 인한 사생활 침해가 심하지 않은지에 대해서는 늘 고민할 듯합니다.

이진젠시티 사례에서 볼 수 있듯이 최근 법원에서는 일조권 침해의 발생이 예상되는 경우에는 이미 골조가 올라간 건축물에 대해서도 '공사금지가처분'을 인용해 주는 등, '일조권'의 중요성에 대해서 엄중하게 받아 들이고 있는 편입니다.

반대의 입장에서 판교 네이버 사옥 외부창에 비치는 태양으로 인해서 생활에 방해가 된다는 이유로 네이버를 상대로 장기간 소송을 벌여 승소한 모 아파트의 사례도 있어요. 즉 최근 법원의 경향을 보면 '조망'에 비해서 '일조'의 문제를 무겁게 받아들이고 있는 듯합니다.

여하건, 제 입장에서는 일조만 해결된다면 저층은 얼마든지 오케이입니다. 당초 제 꿈이 공원을 10층 정도의 낮은 층에서 조망할 수 있는 쾌적한 아파트 입성입니다ㅎㅎㅎ.

4인 4색 **부산 부동산** 단톡방 엿보기

 최근 몇년사이에 조망의 가치가 예전과 비교도 되지 않을 정도로 급부상했습니다. 조망이 입지마저도 압도해버리는 케이스마저도 종종 보입니다. 사실 조망은 개인취향이 반영되기도 하는데요, 다들 어떤 조망을 좋아하세요? 부산에서 1등조망이라고 생각하는 뷰 포인트는 어디인가요? 그리고 앞으로도 이러한 조망 강세 분위기가 계속될까요?

(입지가 좋지 않아도 조망이 탁월하다면 가치가 있을까요?)

저는 이런 추세는 앞으로 더하면 더했지 덜하지는 않을 것이라는 예상입니다. 지금도 앞으로도 경제적이나 사회적 양극화는 심화될 것이기 때문입니다. 부동산에서 양극화를 만들 수 있는 건 고급화, 학군, 뷰 정도 밖에 없기 때문입니다.

그리고 부산에서 뷰라고 하는 것은 생각보다 더 많은 의미를 담습니다. 그래서 뷰의 가치는 더할 것이라 생각하는데 바다뷰도 뷰의 따라 다릅니다. 해운대 바다뷰와 다대포 바다뷰는 현재도 가치가 다르듯이 그것을 사는 매수층의 소득수준에 따라서 달라지기도 합니다.

06. 해운대롯데캐슬스타(메인테마 : A급지 주상복합, 조망의 가치)

현재까지 지어진 아파트에 한정한다면, 저는 경동제이드 저층뷰를 개인적으로 선호합니다.

그다지 멀지 않게 보이는 동백섬과 바다, 건물이 어우러진 뷰에 하단의 나무까지… 정말 나무랄 때 없는 개인취향의 뷰였습니다.

그리고 얼마전 태박님 영상에 등장한 송도힐스테이트이진베이시티의 대형평수 저층도 매우 매력적인 뷰였습니다.

그 조망들을 직접 보신 태박님도 부럽지요…ㅎ

부산에서 1등 조망이라 하면 단언컨대 바다뷰겠죠? 해운대 바닷가 뷰를 품고 있는 아파트는 시간이 지나도 그 가치는 영원하리라 생각됩니다.

그리고 저는 그동안 미세뷰, 사이조망에서 살아와서 무조건 뻥뷰를 선호합니다. ㅎㅎ 거실에서 보는 뻥뷰는 마음까지 뻥 뚫려서 좋더라구요~

일조권과 조망권이 아파트의 가치에 대해 미치는 영향에 관한 판례

　일조권의 경우 법원의 전체적인 경향상 건물의 신축으로 인하여 그 이웃 토지상의 거주자가 직사광선이 차단되는 불이익을 받은 경우에 그 신축행위가 정당한 권리행사로서의 범위를 벗어나 사법상 위법한 가해행위로 평가되기 위해서는 그 일조방해의 정도가 사회통념상 일반적으로 인용하는 수인한도를 넘어야 하고, 건축법 등 관계 법령에 일조방해에 관한 직접적인 단속법규가 있다면 그 법규에 적합한지 여부가 사법상 위법성을 판단함에 있어서 중요한 판단자료가 될 것이지만, 이러한 공법적 규제에 의하여 확보하고자 하는 일조는 원래 사법상 보호되는 일조권을 공법적인 면에서도 가능한 한 보장하려는 것으로서 특별한 사정이 없는 한 일조권 보호를 위한 최소한도의 기준으로 봄이 상당하고, 구체적인 경우에 있어서는 어떠한 건물 신축이 건축 당시의 공법적 규제에 형식적으로 적합하다고 하더라도 현실적인 일조방해의 정도가 현저하게 커 사회통념상 수인한도를 넘은 경우에는 위법행위로 평가될 수 있으며, 일조방해행위가 사회통념상 수인한도를 넘었는지 여부는 피해의 정도, 피해이익의 성질 및 그에 대한 사회적 평가, 가해 건물의 용도, 지역성, 토지이용의 선후관계, 가해 방지 및 피해 회피의 가능성, 공법적 규제의 위반 여부, 교섭 경과 등 모든 사정을 종합적으로 고려하여 판단하고 있습니다.

　또한 수인한도의 기준에 관하여서 법원은 우리나라 국토의 특수성과 협소성, 도시지역의 일반적 거주형태, 건축관계 법령에 규정된 일조권 등의 확보를 위한 높이제한 규정 및 이 사건 변론에 나타난 여러 가지 사정을 고려할 때, <u>동짓날을 기준으로 오전 9시부터 오후 3시까지 사이의 6시간 중 일조시간이 연속하여(이하 '연속일조시간'이라 한다) 2시간 이상 확보되는 경우 또는 동짓날을 기준으로 오전 8시부터 오후 4시까지 사이의 8시간 중 총 일조시간(이하 '총 일조시간'이라 한다)이 4시간 이상 확보되는 경우에는 일응 수인한도를 넘지 않는 것으로, 위 두 가지 중 어느 것에도 속하지 않는 일조방해의 경우만이 수인한도를 넘는 것</u>으로 보고 손해배상책임의 성립을 인정하고 있습니다.

한편 조망권에 관해서 법원의 기본적인 입장은, 어느 토지나 건물의 소유자가 종전부터 향유하고 있던 경관이나 조망이 그에게 하나의 생활이익으로서의 가치를 가지고 있다고 객관적으로 인정된다면 법적인 보호의 대상이 될 수 있는 것인바, 이와 같은 조망이익은 원칙적으로 특정의 장소가 그 장소로부터 외부를 조망함에 있어 특별한 가치를 가지고 있고, 그와 같은 조망이익의 향유를 하나의 중요한 목적으로 하여 그 장소에 건물이 건축된 경우와 같이 당해 건물의 소유자나 점유자가 그 건물로부터 향유하는 조망이익이 사회통념상 독자의 이익으로 승인되어야 할 정도로 중요성을 갖는다고 인정되는 경우에 비로소 법적인 보호의 대상이 되는 것이라고 할 것이고, 그와 같은 정도에 이르지 못하는 조망이익의 경우에는 특별한 사정이 없는 한 법적인 보호의 대상이 될 수 없다고 보고 있습니다만, 경우에 따라 건물의 신축으로 인하여 그 이웃 토지상의 주택이나 아파트 소유자가 수인한도를 넘어서는 일조방해를 받고 있음은 물론 시야차단으로 인한 압박감(개방감의 상실)도 그 수인한도를 넘어서는 경우에는, 일조방해, 시야차단으로 인한 압박감 등과 같은 생활이익의 침해로 인하여 발생한 재산적 손해의 항목 중 토지·가옥의 가격 저하에 의한 손해를 부동산 감정 등의 방법으로 산정함에 있어서는 일조방해 뿐만 아니라 개방감의 상실 등과 상당인과관계가 있는 정상가격의 감소액도 아울러 평가하여야 한다는 입장입니다.

by 유동닉

■ 4인 4색 부산 부동산 단톡방 엿보기 ■

송도 힐스테이트이진베이시티
(메인테마 : 하이엔드 고급화와 뷰)

◎ 위　치 : 부산 서구 암남동
◎ 준　공 : 2022년 5월
◎ 세대수 : 1,368세대 (총 3개동)

07

　태박이　　　유동닉　　　연산댁　　부산빠꾸미

이번에 소개할 아파트는 송도 힐스테이트이진베이시티입니다. 22년 4월에 입주 점검을 끝내고 부동산 카페인 실전카페에 많은 후기들이 올라 오면서 다시금 많은 사람들의 관심을 받게 됐는데 다들 보셨는지요?

저는 생각보다 외관이 더 좋았고 실내도 대리석으로 삐까번쩍해서 고급스럽고 또 뷰는 광안리 바닷가에 광안대교 뷰만 최고 인줄 알았는데 송도 해수욕장에 남항대교 뷰도 멋지다는 생각도 들었네요.

다들 입주 점검 사진 본 후기 좀 말해 주세요.

4인 4색 **부산 부동산** 단톡방 엿보기

_커튼월룩 외관

69층 초고층에 고급진 외관, 1동 8세대 당 엘리베이터 10대는 정말.. 최고인거 같아요. 그리고 독보적인 바다조망은.. 예상은 어느 정도 했지만 실제로 보니 마음이 뻥 뚫릴 정도로 시원하고 좋았어요. 이런 조망을 집에서 볼 수 있다는 것만으로도 너무 좋은 것 같아요.. 아주 부러웠습니다. 왜 항상 사전점검이 되어야 좋다는 걸 깨닫는건지.. ㅋㅋ 여러모로 부러우면서 아쉽네요.

아시다시피 저는 사전점검에 직접 가서 촬영까지 하고 온 입장에서 그 분위기를 몸소 느끼고 왔는데요, 일단 입주민들의 표정 자체가 굉장히 밝았습니다 ㅋㅋ 그만큼 만족스럽다는 것이겠죠.

07. 송도 힐스테이트이진베이시티(메인테마 : 하이엔드 고급화와 뷰)

제가 느낀 송도힐스테이트의 가장 큰 매력은 각 창으로 보이는 뷰가 각각 뚜렷한 개성을 가지고 있다는 것이었어요. 북쪽은 북항재개발+시티뷰, 동쪽은 남항대교가 쫙 뻗어나가는 바다뷰와 배가 둥둥 떠있는 망망대해 뷰, 그리고 남쪽과 서쪽은 송도해수욕장의 백사장 C-Curve가 또렷하게 보이는 비치뷰와 해상 케이블카가 만들어내는 아기자기한 뷰…

이런 개성있는 뷰가 송도힐스테이트의 넓은 창호와 이면창을 만나면서 극대화되었다고 생각합니다.

이면창을 가지고 있으니까, 위 언급한 3가지 개성있는 뷰 중에서 2가지를 내 집에서 볼 수 있게되니 너무 좋을것이지요.

한마디로, 극강의 바다뷰와 상품성이 입지적 약점을 이겨버린 케이스라고 생각합니다.

저는 송도힐스테이트 사전점검을 보면서, 진심으로 살고 싶다는 생각을 잠시 했었습니다.

만약 저희 회사에서 15분 내외로 출퇴근이 가능했더라면, 꼭 살고 싶은 곳이 되었을 것 같아요.

사실 저는 부산에 살 때는 서부산 사상에 살았고 나중에는 직장을 서울로 옮기면서 타지에 살아서 서구 송도 쪽은 약간 낯선 느낌이 있어요. 여행으로도 잘 안 갔던 지역이 송도였습니다. 엠티를 가도 송도보다는 송정에 많이 가지 않나요? 저는 오히려 인천 송도에 더 많이 방문 했었네요.

저에게는 이렇게 멀고도 가까운 곳이 부산 서구 송도 힐스테이트인데 사실 송도가 서구라는 것도 얼마 전에 알았네요. 그것도 송도 힐스테이트 때문에 알았는데 그만큼 송도 힐스테이트는 일반 투자자에게 송도나 부산 서구를 알리는 계기가 됐습니다.

부산 송도에 가면 삐까 번쩍한 건물이 건설되고 있는데 그게 송도 힐스테이트입니다. 송도 힐스테이트 정식 명칭은 송도 힐스테이트 이진베이시티아파트입니다. 1368세대 3개 동으로 만들어지고 있고 22년 5월 입주를 앞두고 있습니다.

부산의 몇 안되는 랜드마크라고 할 수 있는데 바로 커튼월로 화려한 외관이 특징인 아파트라고 할 수 있습니다.

부산의 대표적인 랜드마크 아파트는 뭐가 있을까요? 생각나는 것 있으면 하나씩 말해주시겠어요?

07. 송도 힐스테이트이진베이시티(메인테마 : 하이엔드 고급화와 뷰)

> 기본적으로 엘시티가 있지 않겠습니까.

> 그러고 보니 랜드마크적인 아파트는 뭔가 정당하지 못한 방법으로 지어진 경우가 좀 있긴 하네요. 엘시티도 그렇고, 송도 힐스테이트도 자유롭지 못하죠.

> 다만 그렇기 때문에, 앞으로는 생길수가 없는 그런 대체불가능한 아파트가 되는 것 같습니다.

> 제가 생각하는 부산의 랜드마크는 당연히 마린시티의 아이파크와 제니스입니다. 다 필요없고, 외관에서 끝장나버리잖아요 ㅎㅎ 볼때마다 참 예술적이고, 부산이라는 도시에 대한 자부심이 느껴지기도 합니다.

_ 마린시티 제니스 아이파크

4인 4색 부산 부동산 단톡방 엿보기

 딱 봐도 그냥 부산이라는 도시가 연상될 만큼 심볼 역할을 제대로 하는, 그야말로 랜드마크 중의 랜드마크라고 생각합니다.

이 곳도 상대적으로 참 쌀때가 있었는데.. 지금 생각하면 그게 어떻게 가능했지 싶습니다. 그땐 이런 럭셔리 2세대 주상복합은 전용율이 낮고 관리비가 높아서 집값이 오르지 않는다라는 여론이 지배적이었거든요. (저긴 멋지긴한데 오르는 곳은 아니야~ 라고들 말했었죠)

좀 늦게 오르긴 했지만, 한번 주목을 받고 키맞추기에 들어가버리니까 대형 평수답게 무섭게 상승해버리더군요.

언젠가 다시 기회가 된다면 한번 살아보고 싶은 곳입니다. 부산을 대표하는, 세계인이 알아보는 랜드마크에 거주하는 기분… 캬~ 어떨까요?

저 역시도 투자에 있어서 주상복합 투자는 꺼려졌고 마린시티도 놀러가기 좋은 곳으로만 생각했는데 이렇게 집값이 갑자기 오를 줄은 몰랐네요.

용인 수지 갭투자 비과세로 수익을 남기고 마린시티에 주상복합을 과감하게 매수하고 실거주 하는 우리 처제가 진정 위너네요.

07. 송도 힐스테이트이진베이시티(메인테마 : 하이엔드 고급화와 뷰)

투자에 있어 선입견을 가지지 말자는게 제 투자 철칙인데 말과 행동의 불일치를 반성합니다.

연산댁 님이 생각하시는 부산 랜드마크는 뭐가 있을까요?

저는 용호동 더블유(W)가 생각나네요. SNS 등을 통해 타지인들이 생각하는 부산 뷰맛집으로 올라오는 곳이 바로 용호동 더블유(W)더라구요. 그만큼 더블유(W)에서 바라보는 광안대교와 마린시티뷰는 정말 최고라고 생각합니다.

_더블유(W)에서 바라보는 광안대교와 마린시티뷰

1군 브랜드가 아니라는 점, 역세권이 아니라는 점, 주상복합 등의 이유로 분양 당시 분위기가 별로 좋지 않았고, 초기 프리미엄도 상당히 저렴했던 걸로 알아요. 쫄보계의 선두주자 제 친구의 경우에도 한참 망설이다 결국 못잡았던 걸로 기억하는데, 그 때 잡으신 분들이 진정한 위너라고 생각합니다. ㅎㅎ

용호동에 거주하는 친구들 이야기를 들어보니 상가도 상당히 잘 구성되어있어서 더블유(W) 입주민이 아닌 사람들도 상가를 자주 이용한다고 해요. 그만큼 실거주 만족도도 높은 것으로 알고 있습니다. ㅎㅎ

진짜 더블유(W)도 제 투자 편견을 깬 대표 주복이었죠. 특히 더블유(W) 에 미디어파사드는 정말 신선했죠. 상가 또한 좋은 곳 입점 많이해서 아들 데리고 키즈카페도 몇번 갔었던 기억이 있네요.

말씀해 주신 주상복합과 아파트들이 대표적인 부산의 랜드마크라 할 수 있습니다. 그곳들 특징이 커튼월로 외관이 화려하고 멋진 뷰를 가지고 있고 가격이 비싸다는 공통점이 있네요.

고급화+뷰+가격=희소성을 만들고 이건 가격 상승을 만드는 하나의 공식인것 같습니다. 송도 힐스테이트는 고분양가에 미분양까지 됐었는데 지금은 시세가 엄청 올랐으니 이런 것도 못 보는 제 안목에 머리를 때리고 싶습니다.

07. 송도 힐스테이트이진베이시티(메인테마 : 하이엔드 고급화와 뷰)

여러분은 송도 힐스테이트 미분양일 때 계약할 생각은 하지 않으셨나요?

송도는 솔직히 너무 멀어요.

그렇지만 투자관점에서 송도와 송도해수욕장일대는 상당히 좋은 지역이라고 생각합니다. 특히 부산역에서 가깝기 때문에 향후 교통환경만 개선된다면, 해운대를 대체할 관광지로 매력적이지요.

개인적으로 타지에서 여행온 분들의 마지막 일정으로 늘 추천하는 곳 중 하나가 송도해수욕장과 케이블카였거든요.

다만 제가 그곳에서 산다는 생각을 하면 조금 무리가 아닌가...하는 생각이 들었습니다. 법원도 멀고, 진입로가 상당히 난감하죠^^;;

그러게 말입니다. 송도 힐스테이트가 미분양으로 동호수지정 분양을 하고 있을 때, 저는 제 아내와 모델하우스도 가고, 현장 임장도 갔었어요. 모델하우스에서는 참 마음에 들었던 기억이 납니다. 옆에 창을 둔 원형 대리석 욕조, 시스템에어컨 무상제공, 간지나는 커튼월 외관 및 건물에 박혀있는 빨간색 힐스테이트 마크가 충분히 매력적으로 보였었죠.

4인 4색 **부산 부동산** 단톡방 엿보기

> 하지만 현장 임장을 돌아보고는 그냥 마음을 접었던 기억이 납니다. 저는 송도라는 동네에 대한 거부감은 없었지만, 현장 주변으로 자리잡은 모텔들과 냉동창고를 보고, "아무리 그래도 여긴 좀 아니겠다" 라고 생각했었거든요.

> 특히 모텔, 냉동창고와 같은 시설들은 쉽게 없어지기가 어려운 것들이라고 생각했기 때문에, 부정적인 마음이 더 컸던 것 같아요.

> 근데 요즘 부산 곳곳이 개발되는 모습들을 보면 모텔과 냉동창고가 없어지는게 아주 불가능한 일은 아닌 것 같네요. 모텔이 허물어지고 주거시설이 들어오는 사례는 빈번한 것 같습니다.

> 송도힐스테이트 사례에서도 생각해보면, 저는 그 당시 현재 모습에 너무 집중해버려서 미래 모습을 상상하지 못했던 것 같아요.

> 그 넓은 부지에 랜드마크급 초고층 건물이 세워지고, 주변 환경과 도로가 정비되는 모습, 세대 내부에서 거실창을 바라봤을때의 바다조망, 향후 혐오시설 부분도 정리될 가능성이 있다는 것을 상상했더라면… 아마 하나 줍줍하지 않았을까요?

07. 송도 힐스테이트이진베이시티(메인테마 : 하이엔드 고급화와 뷰)

저는 평소에 긍정적이고 창의적인 상상력을 가지면서 실행력이 좋으면 부동산 투자에서 큰 수익을 번다. 이런 말을 강조했는데 저와 태박이님은 현재만 보고 미래를 상상하는 힘이 약했나 봅니다.

저 또한 그 힘이 부족했네요. 투자를 잘하려면 미래를 그려보는 유연한 사고가 필요한데 항상 눈앞의 모습만 생각하게 되는 거 같아요.

송도 힐스테이트 동호수 지정 분양 당시 주변 친구들이랑 고민을 많이 했는데 결정적으로 부산 토박이지만 저에게도 송도라는 곳은 굉장히 생소한 곳이었어요. 그리고 아파트를 바라볼 때 저는 항상 최악의 상황을 가정하고 실거주도 할 수 있을지를 고민하는데 그 부분이 저에게 물음표였던 단지였던거 같아요.

반대로 제 지인은 압도적인 바다조망 그 부분 하나만 보고 고층을 잡았어요. 그 당시 용기가 정말 대단하다고 생각했는데, 지금쯤 많이 웃고 있겠죠? 이런 과감한 실행력과 유연한 사고가 결국 돈을 벌게 해주는 거 같아요.

4인 4색 **부산 부동산** 단톡방 엿보기

압도적인 바다조망 하나만 보고 고층을 잡았던 지인 실행력이 진짜 압도적이네요. 대단. 이제는 제대로 공부해서 앞으로 기회가 있다면 망설이지 말고 기회를 확 잡아야겠네요.

요즘에는 재개발 단지마다 고급화 열풍이다. 커튼월이 안되면 커튼월룩 조경 특화, 문주 특화, 놀이터특화, 씽크뱅, 층고 높이, 경관조명 고급화를 추진하는 여러 방법들이 있습니다.

최근에는 미디어파사드까지 추진하는 단지가 많아졌습니다.

다들 생각나는 고급화 추진 사례나 어떻게 고급화를 추진하는 게 좋은지 의견 있으면 하나씩 말해 주겠어요?

제 기억에 '고급화' 중에서 가장 인상 깊은 아파트는 과천자이였습니다.

특히 바닥에 설치된 가변형 LED를 통해 여러가지 운동을 할 수 있는 실내체육관과 스카이 라운지는 정말 인상 깊었습니다.

그 외에는 계획이긴 하지만 인피니티 풀이 예정된 촉진 3구역과 촉진 4구역도 마음에 들었습니다.

07. 송도 힐스테이트이진베이시티(메인테마 : 하이엔드 고급화와 뷰)

그 외에 요즘 각광받는 고급화 중 하나로 외관 특화를 들 수 있겠네요.

물론 송도힐스테이트는 유리와 금속재로 외벽을 마감한 진짜 커튼월 아파트이긴 하지만, 최근 신축되는 아파트들은 일반적으로 콘크리트외벽으로 지어진 아파트 외관에 유리마감재 패널을 부착하는 커튼월룩을 채택하는 방향으로 외관 특화를 하기도 하지요.

_ 커튼월룩-힐스테이트명륜 트라디움(좌), 커튼월-송도힐스테이트(우)

고만고만한 아파트들이 지어지면서, 다른 아파트와 나의 아파트를 구분짓는 개성의 하나로 외관특화와 문주특화가 고급화의 트렌드가 되는 것 같습니다. W나 G7의 미디어파사드나, 최근 '광선검'이라는 별칭을 듣고 있는 세로 경관조명도 마찬가지지요.

4인 4색 부산 부동산 단독방 엿보기

 주부입장에서는 조식 서비스가 젤 맘에 드는거 같아요. ㅎㅎ 가능하다면 중식, 석식 서비스가 있어도 좋을거 같은.. ㅎㅎㅎㅎ

_ 에이치스위트 조식 사진

07. 송도 힐스테이트이진베이시티(메인테마 : 하이엔드 고급화와 뷰)

 과거에는 단순하게 커뮤니티가 구성되었다면 최근 들어 커뮤니티 시설도 아파트 단지에 맞게 점점 진화하는 것 같아요. 그중에서 저는 저층 특화 설계 & 테라스가 있는 아파트가 관심이 가더라구요.

코로나19로 집에 있는 시간이 늘어나면서 자연스럽게 집콕생활이 답답하다고 느껴졌는데 집에 테라스 공간이 있다면 캠핑 의자를 놔두고 커피 한잔 하며 마음의 여유를 느껴볼 수 있을 것 같았어요.

조식 서비스에 중식 석식 서비스 있으면 주부들은 식사 차릴 일이 없겠네요.

제가 투자한 단지 재개발 현장에도 많은 입주예정 자들이 고급화 고급화 노래를 부르면서 타 단지 사례를 가져오면서 다 고급화를 추진해 달라고 조합원들은 독촉하기도 하는데 저는 타 단지 사례를 다 적용한다고 고급화가 되지 않는다 생각합니다.

각자가 가지고 있는 입지적 특장점을 잘 살릴 수 있는 고급화만이 실입주도 만족하고 효과도 보는 고급화 방안이라고 생각합니다.

특히 그 단지만의 시그니쳐라 할 수 있는 건 한가지씩 고급화를 제대로 하는게 더 효과가 크다고 생각하는데요. 예를 들면 석가산이 부산에서 최고 화려하거나 경관 조명이 최고라든지 이런식으로 고급화도 입지적 장점과 단지만의 특성을 고려한 고급화가 좋다고 생각합니다.

씽그뱅 하나 설치하고 독일제 싱크대 설치한다고 다 고급스러운 건 아니잖아요. 다들 어떻게 생각하시는지요?

격하게 공감합니다. 아파트 조경에 석가산이 좋다고 너도 나도 하는 것보다는 아파트 단지가 가지고 있는 장점을 최대한 잘 살릴 수 있는 고급화가 좋다고 생각합니다.

연산더샵아파트에 입주했을 때 영유아를 키우는 세대가 많아 커뮤니티에 키즈카페와 수영장 시설이 있었어요. 실제로 많이 이용하는 시설이 아파트 단지내에 있으니 아파트 주민들과 함께 편안하게 이용할 수 있어서 만족도가 높았던 걸로 알아요.

이렇듯 아파트 입주민의 특징과 단지가 가지고 있는 장점을 살릴 수 있는 방향으로 설계되는 것이 여러모로 좋을 것 같아요.

07. 송도 힐스테이트이진베이시티(메인테마 : 하이엔드 고급화와 뷰)

송도 힐스테이트가 또 한번 주목받은 이유는 바다뷰가 멋져서 그렇다고 보는데 광안대교 뷰가 아닌데도 이렇게 주목받는 이유는 뭐라고 생각하시나요?

부산에서 신축이면서 바다 뷰만 멋지게 나오면 다 성공한다고 생각하시나요?

개인적으로는 바다뷰에 대해서 크게 감흥은 없어서...

다만 최근 지어지는 신축 아파트들의 트랜드상, 특별한 뷰가 있다면 인정받기는 좋은 것 같습니다.

이건 조금 여담입니다만... 10년 안으로는 거실 베란다 창이 디스플레이를 겸해서 뷰까지도 가상으로 만드는 아파트가 등장하지 않을까? 하는 조심스러운 생각이 들어요ㅎㅎ

처음에는 신축과 바다뷰만으로 다 성공할 수 없다고 생각했어요. 그 아파트가 서있는 입지를 무시못하기 때문이죠. 하지만 송도 힐스테이트 사례를 보고 조금 생각이 바꼈어요. 압도적인 바다뷰와 최고급 신축아파트라면.. 어느 정도는 가능할수도 있겠다..라구요.

그리고 무엇보다 외지인 투자자 관점에서 생각해본다면 부산하면 일단 바다가 먼저 떠오르기 때문에 바다뷰가 나오고 신축아파트라면 어느 정도 안전 마진이 예상되기에 성공할 가능성이 높다고 예상할 수 있을 것 같아요.

거실 베란다 창이 디스플레이 겸해서 뷰 까지 만드는 것 좋은 아이디어네요.

지금 TV를 미술작품 액자로 나오게 하는 것과 비슷한 방식 같네요.

바다뷰 뿐만 아니라 마운틴뷰, 시민공원 뷰 여러 버전으로 볼 수 있다면 더 좋을 것 같습니다.

그런 시대가 열린다면 지금보다 바다뷰가 주는 메리트가 사라질지 궁금하긴 하네요.

네, 갈수록 아파트도 혁신적으로 진화하는 것 같아요. 10년전을 떠올리면 지금 신축 아파트의 고급화, 커뮤니티 이런 것들 전부 예상못한 부분이죠. 앞으로 10년후의 아파트는 어떨지 기대됩니다.

07. 송도 힐스테이트이진베이시티(메인테마 : 하이엔드 고급화와 뷰)

뷰와 관련해서 조금 추가하자면, 송도 힐스테이트 사례를 봤을때 압도적인 바다조망으로 입지적인 단점을 보완한 경우지만 모든 경우에 해당되지는 않는다고 생각합니다.

바다조망이 나오면 너무나 좋지만 결국 투자수요에 실수요가 있어야 가격 반영이 되는 것이니..

그런 의미에서 부동산은 쉽지 않고 예측 불가능한 것 같아요.

맞아요. 뷰가 멋지다고 집값도 다 비싼건 아닌 것 같더라고요.

뷰는 고급 아파트에서 희소성을 높여 가치를 더 높이는 요소라고 생각해요.

사실 다대포에도 멋진 바다뷰가 나오는 곳은 많은데 아직도 시세는 많이 오르지 않은 아파트도 많습니다. 또 광안리에도 소형 아파트로 광대뷰가 멋지게 나오는 곳도 많은데 이런 곳은 시세가 생각보다 오르지 않았습니다.

4인 4색 부산 부동산 단톡방 엿보기

부자들이나 소득 수준이 높은 사람들이 사는 아파트는 대형이면서 그들이 사는 곳에서 희소성 있는 아파트를 선호하니 그쪽 가격이 높은 것이지 뷰 하나만 좋다고 해서 가격이 오르지 않는것 같습니다.

아파트 시세를 결정하는 요소 중에서는 바다뷰도 물론 중요하지만 그 아파트가 가진 입지의 힘이 가장 중요하다는 것을 알려주는 것 같아요. 좋은 입지위에 브역대신평초라는 조건을 다 만족시키고 바다뷰까지 즐길 수 있다면 최고가 아파트로 등극할 수 있겠죠. 하지만 그런 것들을 다 만족한다는 것은 현실적으로는 불가능하고, 적절하게 조절하여 결정하게 되는 것 같아요.

■ 4인 4색 부산 부동산 단톡방 엿보기 ■

래미안장전
(메인테마 : 브역대신평초)

◎ 위　치 : 부산 금정구 장전동
◎ 준　공 : 2017년 9월
◎ 세대수 : 1,938세대 (총 12개동)

08

태박이

유동닉

연산댁

부산빠꾸미

이번에는 장전 래미안에 대해서 말해 보려고 합니다. 부산 사람이면 한번쯤은 들어 봤을 단지가 장전 래미안 이라고 생각합니다. 장전 래미안이 유명해진 이유는 부산에서 입지가 좋다고 하면 흔히 브역대신평초 입지 6종 세트에 얼마나 해당하는지 체크하는 게 기본이라고 합니다.

브랜드, 역세권, 대단지, 신축, 평지, 초품아 이 6가지에서 많이 해당될수록 희소성이 높다고 할 수 있고 부동산 투자 측면에서도 투자 가치가 높다고 할 수 있습니다.

4인 4색 부산 부동산 단톡방 엿보기

장전 래미안은 브랜드로는 부산 사람이 가장 선호하는 래미안, 역세권은 단지 입구에서 1호선 온천역 입구까지 500M 안 도보 7분거리, 1938세대 대단지, 2017년 준공 신축, 완전 평지, 바로앞 금정초 모든 조건을 만족하는 대표 단지가 아닐까 하는데요.

실제로 금정구 대장 아파트로 시세를 리딩 하고 있습니다. 이처럼 부산에서 입지 6종세트 모두가 해당 되는 단지는 별로 없습니다. 혹시 생각나는 입지 6종세트 단지가 있으신가요? 하나씩 말해주면 좋겠습니다.

우선 저는 연제롯데캐슬데시앙이 브역대신 평초를 만족한다고 생각합니다.

브랜드가 미달인가요..ㅠㅠ

저는 대학 다닐때에는 장전 래미안 근처를 지나면서도 입지가 좋다고 말하는 것을 이해 못했습니다.

재개발이 이루어지기 전 그 근처에서 야학을 다니기도 했었는데, 그다지 밝은 느낌이 나지는 않는 주택촌이었던 과거 모습을 기억하기 때문이기도 하고요.

08. 래미안장전(메인테마 : 브역대신평초)

그때는 아파트에 별다른 관심이 없기도 했고, 초품아라는 개념 자체가 뭔가 생소하기도 했지요. 역도 뭔가 멀어 보이고, 아파트에 사는 친구들은 구서동쪽에 몰려 살았었지요. 그 당시 옵스라는 고급빵집이 구서동에 지점이 있을 정도로 구서동 쪽 아파트가 발전해 있기도 했고, 신축 대단지 아파트라는 개념조차도 없었으며, 그 일대에서 대학을 다니던 중에는 "저기에 무슨 아파트가?"라는 생각을 했었던 기억이 납니다.

그야말로 욕세권이었던거 같습니다^^;;;

저도 대학 다닐 때 유동닉님이 다니던 그 길을 걸었는데요. 저 역시도 그 당시에는 아파트나 주택에 대한 관심이 없어서 그런지 입지 개념도 없었네요.

그저 사상에서 장전동까지 통학이 조금 멀다. 그래서 근처로 이사 했으면 했는데 가정 형편이 별로라 힘들게 통학한 기억 밖에 없네요.

생각해보니 입지 6종세트 모두 해당되는 단지는 진짜 별로 없네요? ㅎㅎ 머릿속으로 몇 개 단지가 떠올랐으나 전부 '평지'에서 탈락됩니다. 바꾸어 생각해보면 장전 래미안이 가진 평지의 희소가치가 얼마나 큰지 가늠이 되네요.

_ 153

4인 4색 **부산 부동산** 단톡방 엿보기

누구나 선호하는 래미안이라는 독보적인 브랜드, 1호선 온천장역과 부산대역을 도보로 이용할 수 있는 더블역세권, 1,938세대 대단지, 신축, 완전 평지, 그리고 금정초등학교를 품고 있는 장전 래미안!

브역대신평초라는 조건뿐만 아니라 바로 앞 온천천을 산책로로 즐길 수 있고, 부산대 상권을 도보권으로 이용할 수 있다는 것도 큰 매리트라고 생각해요. 그러한 점들이 금정구를 대표하는 대장아파트로 자리매김할 수 있었다고 생각합니다.

요즘에 가장 많이 공부하는 투자 지역이 지금부터 하락장을 맞이하는 대구부동산인데요. 대구 부동산과 부산 부동산을 동시에 공부하니깐 평지개념이 부동산 투자에 영향을 미치는게 두 도시가 확연히 다르더군요.

예를 들어서 부산은 대부분의 지역이 산을 끼고 있는 지형이고 6.25 전쟁 때 피난지라 산을 끼고 주거형태가 많이 만들어 지다 보니 고바위에 주택이 많고 또 그곳이 재개발이 된 형태가 많았습니다.

08. 래미안장전(메인테마 : 브역대신평초)

그래서 웬만한 경사는 고바위로 쳐주지도 않고요. 적어도 올라가면서 등산하듯이 가뿐 숨을 쉬어줘야 아 이게 고바위구나 정도 판단할 수 있습니다. 이렇듯 고바위 아파트가 많다보니 평지가 희소해지고 부산에서 평지 아파트는 많지 않게 되어 희소성이 있는 아파트가 되는 겁니다.

반대로 대구 같은 경우 분지 지형이라 대부분의 아파트가 평지입니다. 조금만 경사가 있어도 대구 사람들은 평가 절하하더라고요. 이런 경우 다른 입지가 좋아도 고바위면 만회가 안될 만큼 평가절하 되는 모습을 많이 봤습니다.

저 역시 장전래미안 외 부산의 대표적인 브역대신평초 아파트는 연제롯데캐슬데시앙이 떠오르네요. 브역대신평초 요소를 많이 갖출수록 수요도 많아지고 선호하는 사람이 많아지기 때문에 안정적인 실거주 겸 투자재가 될 수 있다고 생각해요.

문득 떠오르는 브역대신평초 단지가 하나 더 있네요! 바로 두산위브더제니스 센트럴사하 입니다. 사하구 장림에 지어지고 있고, 2024년 9월에 입주예정인 아파트인데요. 이 곳 역시 따지고보면 브역대신평초 모든 요건을 다 갖춘 아파트입니다.

_ 155

4인 4색 부산 부동산 단톡방 엿보기

_ 사하제니스 브역대신평초

하지만 받아들여지는 느낌이 많이 다르죠? 의외라고 느껴지기까지 합니다. 아무래도 바로 옆에 공단이 있는 입지라서 브역대신평초 요건을 갖추었음에도 그렇게 많이 까였던 것 같은데요.

이 단지가 나중에 어떤 흐름을 보일지 궁금하네요. 대단지가 동네를 바꿔버릴지, 아니면 입지에 묻혀버릴지 지켜보는 것도 많은 공부가 될 것 같습니다. 브역대신평초 아파트의 힘을요!

08. 래미안장전(메인테마 : 브역대신평초)

태박이 님이 말한 아파트는 저도 앞으로 어떻게 될지 궁금하네요.

앞서 말한 송도 힐스의 경우 엄청난 뷰라는 장점이 입지적 단점을 커버한 단지였는데 입지가 주변의 공장단지 단점을 커버할 지는 공부하듯이 지켜보면 좋을 듯 합니다.

앞서 말한 입지 6종세트 아파트는 모두 입지가 훌륭해서 실거주와 투자자 선호도가 높고 수요가 많아서 이미 지난 상승장에 많이 상승했습니다. 앞으로 추가 상승이 있다면 이런 단지부터 다시 상승이 시작될 것 같네요.

투자를 검토한다면 항상 브역대신평초에서 몇 개나 해당 되고 주변으로 이것을 대체할 단지는 몇 개나 되는지 확인해 보고 투자 선택을 하면 되겠습니다.

내가 투자할 단지를 대체할 수 있는 수가 많을수록 수요에서 밀리고 상승장에서 늦게 상승하거나 하락장에서 더 많은 하락을 할 수 있습니다.

반대로 입지 6종 세트에서 많이 해당해서 희소성이 있다면 상승할 때 더 많이 상승하고 하락할 때 방어가 되는 아파트가 될것 같습니다.

장전 래미안이 좋은 두 번째 이유를 뽑자면 저는 깔끔한 11자 배치 구조와 조경 특화라고 생각합니다. 조경 부분에서 대상을 받을 정도로 장전 래미안 조경은 부산에서도 손에 뽑을 만큼 좋은 단지라고 생각합니다.

_장전 래미안 11자배치와 조경

장전 래미안 말고도 조경이 훌륭한 단지가 어디라고 생각하는지요?

저는 대연 힐스테이트 푸르지오 일명 혁신 정도가 비슷하고 거의 없다고 생각합니다.

08. 래미안장전(메인테마 : 브역대신평초)

장전래미안과 비슷한 아파트로는 조경의 배치 등을 고려하면 11자 형태의 파크시티가 가장 유사하지 않을까 싶습니다.

조경의 구성을 고려한다면 역시 최신축인 동래래미안아이파크가 정말 인상 깊었습니다. 특히 상가와 이어지는 대형문주와 2022년 무슨 상을 받았다는 대형 조경석으로 구성된 '금정풍경원'이 멋지지요. 석가산을 대체할 만한 멋진 조경이라고 생각합니다.

_동래래미안아이파크 금정풍경원

_159

4인 4색 **부산 부동산** 단톡방 엿보기

장전 래미안하면 가장 먼저 생각나는 것은 부산시 조경 대상이죠. 실전에 매년 글이 올라와서 매년 상 받은 줄 알았던.. ㅋㅋㅋㅋ

장전 래미안에 거주하는 친구가 있어 한번 방문해본 적이 있는데 확실히 다른 아파트 단지들과는 차별되는 조경 특화 아파트라는 느낌이 입구부터 확 들었어요. 평지에 단지가 11자로 배치되어 있어 깔끔하고, 모던한 조각상과 티하우스 등으로 세련된 느낌이 물씬 나더라구요.

실제로 입주민들이 피크닉 나오는 느낌으로 아파트 산책로에서 주말 나들이를 즐긴다고 해요. 그런 부분은 참 부럽다고 생각했어요.

빠꾸미님 말씀대로 조경이 훌륭한 단지는 단연 대연힐스테이트푸르지오라고 생각합니다. 동간 간격이 넓고 널찍한 일자배열로 개방감이 있죠. 넓은 잔디 광장으로 광활하고 쾌적한 느낌을 받았답니다.

연산동 더샵파크시티의 경우에도 11자 단지 배치로 깔끔하고, 온천천을 끼고 있어 산책로로 즐길 수 있죠.

연산롯데캐슬골드포레도 멋진 문주와 함께 아기자기한 조경으로 아파트 단지를 산책할 맛이 난다고 생각합니다.

08. 래미안장전(메인테마 : 브역대신평초)

부산시 조경 대상이었나요? 저도 각종 대상에서 계속 대상받은 줄 알았는데요. 확실히 상 받은 건 제대로 홍보해야 하는데 그런 점에서 장전래미안 입주민들은 제대로 홍보했네요.

요즘에는 홍보도 능력이라 봐서 열정적인 입주민들이 홍보를 잘하는 단지가 많이 오르는 것 같습니다.

신도시가 상승장에 많이 오르는 원리와 비슷하죠. 어느 신도시라 말하기 힘들지만 보통 신도시 입주민들이 젊고 투자에 적극적이라 상승장에 많이 오르는 경향이 있습니다.

요즘 신축들은 정말 조경이 모두 훌륭합니다. 특히 땅이 클 수록(건폐율이 낮을수록), 그리고 땅 모양이 네모반듯할수록 더욱 훌륭한 조경면적이 나오겠죠. 동 배치가 더 가지런해지면서 넓은 광장이 나올 수 있으니까요.

그런 관점에서 저는 동래래미안아이파크가 정말 인상적이었습니다. 광장 중심에 서 있는 압도적인 크기의 사람모양 작품과 스타벅스같은 2층 티하우스, 아기자기한 연못과 웅장한 벽천 등 크고 작은 시설들이 조화되면서 정말 멋진 단지 조경을 구성했다고 생각했어요.

4인 4색 **부산 부동산** 단톡방 엿보기

최근에 단지조경은 정말 상향평준화되었다고 생각합니다. 따라서 앞으로는 단지조경 내에서도 어떤 디테일과 차별화가 있느냐에 따라 평가가 많이 내려질 것 같아요. 예를 들어 티하우스의 규모, 드넓은 잔디광장의 유무, 물놀이터/다목적 멀티코트의 유무 등과 같은 것들이요.

스타벅스 같은 2층 티하우스 궁금하긴 하네요. 태박이 TV 영상 봐야겠네요. ^^

요즘에는 멋진 석가산 & 티하우스는 세트로 같이 진행 되더라고요.

얼마전 와이프 명의로 계약하고 사전점검 한 운정중흥도 석가산과 티하우스가 멋졌습니다.

_ 운정중흥
석가산 티하우스

08. 래미안장전(메인테마 : 브역대신평초)

그럼 장전 래미안이 입지적으로 상당히 훌륭하고 앞으로 어떤식으로 투자 단지를 선택해야 하는지도 압니다. 그렇다면 장전 래미안의 미래에 대해서도 한번 얘기를 해 보고 싶네요.

장전 래미안 근처에 온천4구역 래미안 포레스티지가 얼마 전에 성공적인 분양을 했고 시세도 잘나가고 있습니다. 그럼 입지적으로 완벽에 가까운 장전래미안이 금정구 대장단지를 유지 할 것인가? 역에서 다소 멀고 초등이 멀다고 단점으로 지적되지만 4천세대 대단지의 이점을 가지고 있는 온천4구역 래미안 포레스티지가 입주하면 대장 자리를 넘겨 줄 것인가?

앞으로의 미래는 어떻게 될지 모르지만 각자 생각을 말해 볼까요?

실전카페에서 대장 놀이 좀 그만하라는 글도 봤는데 투자에 있어서는 검토 하지 않을 수 없습니다.

부동산 투자에서 대장의 의미는 그만큼 큽니다. 대장 단지가 되면 시세를 리딩할 뿐만 아니라 그 동네의 대표 단지의 이미지가 크기 때문에 그만큼 투자를 고려할 때 중요한 요소입니다. 그래서 한번 각자 의견을 말해 보자는 겁니다.

4인 4색 **부산 부동산** 단톡방 엿보기

> 대장아파트는 말 그대로 그 지역에 생활기반을 둔 사람들이 모여 살 가능성이 높기 때문에 투자 관점에서 상당히 고려할 만한 요소인 것 같습니다.

> 래미안 장전과 온천4구역을 투자관점에서 이해하자면, 빠꾸미님의 의견에 동의합니다.

> 그런데 제가 만약 개인적으로 선택한다면, 래미안포레스티지 대형평수에는 살아보고 싶을 듯합니다. 도심에서 멀지 않으면서 산을 볼 수 있는 최신형 신축아파트 매력적이지요.

> 다만, 애매하다는 생각이 드는 입지, 조합 측의 모호한 고급화의지 및 현재까지 공개된 내부 인테리어 등… 아시겠지만 계림변기 쓴다고 구설수에 오른적도 있지요.

> 종합적으로 애매한 포지션의 아파트가 되지 않을까 하는 생각이 듭니다.

> 래미안 포레스티지가 입주할 2024년이 되면 래미안 장전은 입주 7년차 준신축 아파트가 되겠죠. 그렇게 된다면 래미안 포레스티지가 시세를 리딩하는 아파트가 될 가능성이 높다고 생각해요. 역과의 거리는 조금 있지만 신축파워가 있으니까요!

08. 래미안장전(메인테마 : 브역대신평초)

신축 아파트들의 가격 추세를 살펴보면 신축이라는 매리트를 가지고 주변 아파트 시세보다 가격이 조금 더 높게 형성되어 있는 곳이 종종 있어요. 그만큼 신축이 주는 매리트는 상당한 것 같습니다.

래미안 포레스티지 입주가 지나고 래미안 장전 맞은편으로 위치해있는 서금사 A구역을 포함한 재개발 구역들이 하나둘씩 착공에 들어가고 입주하게 된다면 금정구 일대 신흥주거단지가 새롭게 탄생될 것으로 예상됩니다.

결론은 온천4구역이 얼마나 고급화 되고 주변 인프라가 좋아질지 거기에 달렸네요. 흥미롭게 지켜봐야 할 포인트라고 생각됩니다.

■ 4 인 4 색 부 산 부 동 산 단 톡 방 엿 보 기 ■

연지동 래미안어반파크
(메인테마: 부동산 미래가치)

◎ 위　　치 : 부산시 연제구 연지동 일대
◎ 준　　공 : 2022년 9월
◎ 세대수 : 2,616세대(총 24개동)

09

　태박이　　유동닉　　연산댁　　부산빠꾸미

이번에 제가 소개할 아파트는 연지 래미안 어반파크 입니다. 연지래미안 어반파크는 래미안 단독 브랜드로 2,616세대 대단지로 시민공원을 끼고 있습니다.

보통 아파트 네이밍을 보면 어떤 입지를 강조하는 지 알수 있는데 연지 래미안 어반파크는 어반+파크를 강조한 것 아니습니까? 도심속 공원을 강조한 것 같습니다. 즉 시민공원 입지를 강조한 것으로 보이네요.

혹시 연지 래미안에 대해서 아시나요? 연지 래미안 하면 생각나는 이미지 하나씩 말해 주실래요?

_ 167

4인 4색 부산 부동산 단톡방 엿보기

> 저는 사실 연지래미안 갖고 싶습니다. 특히 테라스 세대가 상당히 부럽고요.

> 그런데 첫 이미지는 솔직히 '미분양'입니다. 제 기억에 가격이 비싸서 미분양 세대가 있었던 것으로 기억하고, 지나가면서도 "여기가 5억?"이라는 어리석은 생각을 했던 부린이 시절이 생각납니다.

> 두 번째 이미지는 아무래도 시민공원부지와 이어지는 미군부대의 추억이겠지요. 토양오염에 대한 우려도 사실이고요.

> 저는 첫 이미지가 비역세권이 생각나네요. 정확히 말해서 비역세권 VS 브랜드의 대결이죠. 과연 브랜드빨로 비역세권을 커버할 수 있을까 하는 궁금증을 가졌던 기억이 나네요.

> 2019년 분양 당시에는 커버하기 힘들 것이라고 생각했었어요. 아무리 래미안 브랜드라고 하더라도, 부산에서 지하철 역세권은 아주 큰 의미를 가지기 때문이죠. "비역세권 아파트는 쳐다도 안본다. 일단 제끼고 본다" 라는 분위기가 팽배했던 시절이었습니다. 대중들의 생각이 곧 시장의 평가이기 때문에 더 그렇게 생각했던 것 같아요.

> 그런데 지금은?

09. 연지동 래미안어반파크(메인테마: 부동산 미래가치)

 브랜드빨이 먹힌 것 같네요.

"래미안이 입지이다."

"래미안 대단지이면 역세권이고 뭐고 다 필요없다"

이런 평가들이 나오고, 어느정도 고개가 끄덕여지기 때문이죠.

트렌드가 바뀐 것일까요? 3년도 안 된 기간동안 시장의 평가도 그렇고, 제 생각도 그렇고.. 참 많이 바뀐 것 같습니다. 앞으로는 또 이러한 트렌드가 어떻게 바뀔지 궁금해지네요.

저도 아파트 투자에 있어서 비역세권도 떡상하구나!

래미안 브랜드가 입지 다. 이런 생각을 가지게 만든 아파트네요.

사실 부산에서나 서울과 수도권에서도 가장 선호하는 브랜드가 래미안이라고 합니다.

강남의 대부분의 단지가 래미안 브랜드 인걸 보면 알죠.

> 강남 재건축 수주전에 래미안과 자이에게 계속 밀려서 대림에서 하이엔드 브랜드인 아크로(ACRO) 브랜드를 런칭하면서 하이엔드 경쟁도 벌어졌고요.

> 그만큼 래미안 브랜드 파워는 대단한 것 같습니다. 또 그정도 브랜드 파워가 있는 대기업 건설사에서 보는 입지도 상당히 많이 고려해서 선별해서 입찰 했을 것이고 브랜드가 입지 라는 말도 거짓은 아닌 듯 합니다.

> 연지래미안은... 저에게 가슴 아픈 추억이죠. 9.61 대 1의 경쟁률을 뚫고 당당히 당첨되었지만 부적격의 쓴맛을 본 곳이에요. 부적격은 상상도 못하고 연지동 일대 임장도 가보며 이것 저것 고민한 그 날이 생각나네요..(110동 ****호 굳바이~ㅠㅠ)

> 그 당시 부산 부동산 분위기는 좋지 않았고, 연지래미안은 비역세권이라는 점과 5억대의 고분양가 논란으로 까일대로 까이며 미분양이 났었죠. 하지만 줍줍으로 인한 완판으로 이어져 현재는 엄청난 시세 상승을 했죠.

> 지금 돌이켜 생각해보면 부동산 트렌드는 급격하게 바뀌는 것 같아요. 교통의 단점을 다른 요소가 충족시킬수만 있다면 그것이 바로 가격으로 반영되는 것 같아요.

09. 연지동 래미안어반파크(메인테마: 부동산 미래가치)

연지 래미안 부적격 너무 가슴 아프네요. 몇억이 하늘로..아까비..

그래도 연산댁 님은 다른 거 잡아서 다행이네요.

말씀대로 연지래미안은 브랜드가 비역세권이라는 단점을 완벽 커버하는 케이라 할 수 있네요.

연지 래미안하면 래미안브랜드 파워,비역세권, 대단지, 시민공원, 부전역, 다양한 이미지가 떠오르네요.

사실 제가 연지 래미안을 소개하는 이유는 투자자들이 예상을 하지 못했는데 많이 상승을 했기 때문입니다.

연지 래미안은 비역세권에 약간 고바위라 안 오를 것이라는 예상이 많았습니다. 분양 초기에 항상 나오는 말이지만 미분양도 오래 갈 것이라는 말도 나왔습니다.

특공은 미달됐고 1순위 평균 경쟁률은 12대 1이 조금 넘었습니다. 19년에 분양할 당시에는 부산 부동산 상황이 안 좋았기에 나름 선방했는데 요즘 특공 경쟁률이 10대 1이 넘는데 특공이 미달이었다니 요즘 분위기로는 상상하기 힘드네요.

그런 평가를 받았던 연지 래미안 분양가는 84A타입이 5억초반이었는데 현재 시세는 10억에 육박합니다.

4인 4색 **부산 부동산** 단톡방 엿보기

연지 래미안 어반파크의 어떤 가치가 시장으로부터 인정을 받아서 이렇게 올랐을까요? 저는 여기서 부동산의 미래 가치에 대해서 말을 좀 하려고 합니다.

부동산을 투자할 때 미래가치를 보고 투자를 하는 성향이 많아졌습니다.

대한민국 부동산은 어느새 투자재가 됐고 사람들은 앞으로 더 많이 오를 아파트에 투자를 합니다. 그게 실거주라도 말입니다.

그럼 아파트에 있어서 어떤 요소가 좋아야 미래가치가 있다고 할까요?

생각 나는거 있으면 한번씩 말해주면 좋겠습니다.

특정 개별요소를 두고 미래가치가 있다고 하기보다는, '대체불가능성' 내지는 '희소성'에 미래가치가 있다고 생각합니다.

연지래미안의 경우, 아트센터, 시민공원, 부전역 이 3가지 조건이 '대체불가능성' 내지는 '희소성'을 띄고 있는 조건이고, 위와 같은 조건을 가지고 있으면서도 신축, 평지, 초품아인 대단지 아파트라는 점이 매력이지요.

09. 연지동 래미안어반파크(메인테마: 부동산 미래가치)

미래가치라는 것은 안좋았던 부분이 좋은 것으로 바뀐다는 것과 같은 말이라고 생각합니다. 쉬운 예를 들자면, 비역세권이었던 지역에 지하철역이 생기면서 역세권으로 바뀐다거나, 그 지역에 백화점이 생긴다거나 일자리가 들어오는 등의 호재가 있죠.

근데 이런 호재만큼이나 좋은 것이 또 있습니다. 바로 주거 측면에서 비선호 시설이 없어지는 것입니다. 사창가가 없어진다거나, 제조공장이 이전하는 등의 사례가 있지요.

이런 측면에서 부산시민공원을 생각해볼 수 있을 것 같아요. 부산시민공원은 과거에 미군부대였습니다. 주거 측면에서는 전혀 도움이 되지 않는 시설이었는데요, 이것이 부산을 대표하는 초대형 공원으로 바뀐 케이스입니다. 비선호 시설이 부산에 하나밖에 없는 선호시설로 바뀐 것입니다.

더군다나 부산시민공원을 둘러싸고 촉진구역 재개발로 인해, 낙후된 주거지역이 랜드마크급의 건물로 탈바꿈할 예정이라고 하니, 동네가 얼마나 많이 바뀌겠습니까.

표면적으로는 단순하게 대단지 아파트로 재개발된다고 볼 수 있겠지만, 이것이 실현되었을 경우, 그 지역 주민들의 생활 수준에 맞는 상권이 들어올 것이고, 지지부진하던 교통 개발계획도 다시 박차를 가할 가능성이 높아지겠죠. 동네가 통째로 바뀌어버린다는 것. 이것이야말로 큰 미래가치라고 생각합니다.

태박이님 말을 들어보니 그동안 호재로 좋은 점에만 관점을 뒀는데 이제는 지금의 단점이 장점으로 바뀌어 역변 할 동네를 찾아보는 것도 좋은 투자 방법이네요. 예를 들어 북항재개발이나 범천 기기창 개발 등 그 동안 외관이나 활용도가 없던 땅이 개발되는 지역을 관심 있게 보는 것도 좋은 투자법 같습니다.

부산에서는 래미안장전을 필두로 래미안이 가진 브랜드 파워가 확실한 것 같아요. 연지래미안도 래미안이 가진 브랜드 가치가 아파트의 미래가치를 한단계 업그레이드 시킨 것 같아요. 래미안 단독 시공과 2,616세대의 대단지 아파트라는 점이 비역세권이라는 단점을 보완시키는 동시에 아파트의 미래 가치도 높여준다고 생각해요.

 맞아요. 그런 내용들이 모여서 아파트의 미래가치를 만드는 것 같네요.

제 개인적인 이야기를 하자면 저는 부산에서 태어나 대학까지 가장 오래 산 곳이 부산이고 취업을 경남으로 하면서 경남에서 살다가 이직해서 서울과 경기도에서 살게 된 케이스인데 국내 여러 지역에 살았던 경험이 부동산투자에 있어서 많은 경험이 됐습니다.

그래서 하나 팁을 주자면 자녀가 초등학교 입학 전에 부산 안에서도 많은 지역과 다양한 형태의 집에 살아보라고 추천하고 싶습니다.

저는 서울에서 신축 빌라에서도 살아보고 구축에서도 살아보고 신축에서도 또 지방 아파트, 서울아파트 다 살아보니 이렇게 사는 것만으로도 어떤 아파트가 좋고 어떤 아파트가 안 좋은지 살면서 깨닫게 됐다는 거였습니다.

굳이 부동산 공부를 할 필요 없이 사는게 부동산 공부였다는 말입니다.

서울에 살 때 아들이 어리고 1.5룸 빌라에 살 때라 답답한 집보다는 주말이면 공원에 자주 나갔습니다.

가장 많이 간 곳이 뚝섬한강유원지공원이었고 그 다음이 서울숲이었습니다.

뚝섬유원지에 가면 한강이 있어서 좋았고 서울숲은 도심 속 드넓은 공간에 숲을 체험할 수 있어서 너무 좋았습니다.

아직도 우리 가족에게 서울에 대한 좋은 기억은 대부분 한강과 서울숲에서 나옵니다.

제가 부산시민공원 주변의 아파트의 가치가 좋다고 생각하는 이유는 바로 부산에서 가장 크고 관리가 잘 되는 도심 속 공원이 부산시민공원이기 때문입니다.

이번 연휴 때도 가족이 방문했는데 아이들 노는 공간도 많고 드넓은 공간에 관리도 잘 돼 있어서 너무 좋았습니다.

부산도 앞으로 시민 공원을 도보로 갈 수 있는 아파트가 미래 가치가 계속 좋은 것 같습니다. 부산에서 가장 크고 좋은 공원을 도보로 갈 수 있다는 것 자체가 삶의 질이 올라가서 그만큼 투자에 있어서 희소성이 있는 것입니다.

다음으로 부전역 복합환승센터를 말하려고 하는데요.

연지래미안이 1호선이 아닌 부전역 복합환승센터까지 도보권은 아니지만 생활권에 있어서 또 영향을 준다고 생각하는데요.

부동산 투자와 교통은 떼 놓을 수 없는 관계죠. 부산에서 부전역은 교통으로서 어떤 위상을 떨칠까요?

부전역의 발전 가능성과 관련하여 언급하자면, 부전역의 경우 관광도시로서의 부산의 기능과 관련된 것이라기 보다는, 이른바 동남권 메가시티와 관련해서 부산이 중심지로 기능할 수 있는 시작점이 될 것이라고 예상하고 있습니다.

09. 연지동 래미안어반파크(메인테마: 부동산 미래가치)

저는 개인적으로 입지의 본질 중 하나가 '직장'이라고 생각합니다. 역세권이니 학군이니 하는 것은 직장에 부수되는 요소들이라고 생각하고요.

그런 의미에서 부전역 주변은 부산 뿐 아니라 부울경 지역의 좋은 직장으로 출퇴근하는 소득계층들이 부산의 인프라를 누릴수 있는 주거지로 발전 가능성이 높다고 생각합니다.

여기서 경기 수도권 지역과의 차이점은, GTX의 경우에는 좋은 직장이 있는 강남 지역에의 접근성이 무기인 것이라면, 부전역은 부울경 지역의 인구가 상대적으로 거주환경이 더 나은 부산지역으로 집중되는 현상을 불러 일으킬 것으로 기대된다는 것이죠.

저도 도심 속 대형 공원이 있다는 점이 가장 매력적인 부분인 것 같아요. 서울에 사는 친구들을 보니 주말마다 아이들과 공원에 자주 가던데 부산에는 서울만큼 공원이 잘 조성되어있지 않아 그만큼 부산시민공원이 주는 희소성은 분명히 있다고 생각해요. 저도 아이가 생긴다면 꼭 공원을 품은 아파트로 이사 가고 싶은 마음이 있거든요.

4인 4색 **부산 부동산** 단톡방 엿보기

그런 점에서 래미안어반파크가 주는 매력은 충분하다고 생각해요. 또한 부산시민공원 인근으로 형성되는 촉진 재개발 구역들이 완공될 쯤이면 거대한 아파트 단지가 형성될 것이고 주변 인프라는 더욱 좋아지겠죠.

부전역 복합환승센터의 관점에서는 부전역이 교통의 요지로 발돋움하면서 주변 지역과 부전역과의 접근성이 좋아지며 직장이 다른 지역에 있는 경우에도 주거는 부전역 인근으로 고려할 수도 있어지기에 더욱 부전역 근처 아파트나 재개발 구역이 오르는 것 같아요. 그만큼 미래수요가 늘어나는 거니까요.

09. 연지동 래미안어반파크(메인테마: 부동산 미래가치)

아파트 청약하는 법

저는 아파트 청약과 관련하여 그 누구보다 슬픈 흑역사를 가지고 있습니다. 지금부터 제 흑역사를 들려드리며 이 글을 읽고 있는 여러분들은 크고 작은 실수없이 아파트 청약 당첨이라는 큰 행운을 가지시길 바라는 마음에서 이 글을 시작해볼까 합니다.

(당시 저는 여러번 아파트 청약을 시도하며 아파트 당첨→당첨포기→통장날림→새 통장 개설→아파트 당첨→부적격 탈락 등을 겪으며 현재 0개의 아파트 분양권을 가지고 있습니다. 이 글을 읽고 계신 분들께 이런 흑역사를 겪지 말라는 의미에서 몇 가지 유의사항과 청약 꿀팁을 알려드리도록 하겠습니다.)

흑역사 사례 1. 묻지마 청약으로 10년된 주택청약통장 날리다

제가 처음으로 주택청약통장을 만든 해는 2006년입니다. 부동산에 대해선 아무것도 몰랐던 시절인데, 평소 재테크에 관심 많던 지인이 저에게 주택청약통장은 미리 만들어두면 좋으니 꼭 하나 만들어두라고 강력 추천하여 만들어놨었죠. 그리고 세월이 흘러 2016년이 됩니다. 그때도 전 부동산에 관심이 전혀 없었죠. 여느 때와 다름없던 평일 오후 네이버 실시간 검색어에 아파트 이름이 떠서 눌러보니 조감도가 아주 멋진 아파트였고 아파트 청약날이었어요. 그 때 무슨 생각으로 그랬는지는 모르겠는데.. 예전에 만든 주택청약통장이 생각났고, 청약신청을 했죠. 청약 방법도 제대로 몰라서 폭풍 검색 후 겨우 청약신청에 성공했어요. 그리고 일주일 뒤 당첨 문자를 받았답니다. 그 때 제가 당첨된 곳이 바로 '거제도 장승포 스타디메르'입니다. 당시 거제 부동산 시장 분위기가 좋지 않아 미분양난 단지에 10년이나 된 주택청약통장을 날린 셈이죠. 지금도 그때를 떠올리면 슬픈 기억입니다.

> **Tip** 주택청약통장은 하루 빨리 만드세요!
>
> 청약통장 가입기간에 따라 가점이 부여되기 때문입니다.(15년 이상이 넘으면 17점 만점으로 계산됩니다.) 그리고 아파트 분양 공고문이 뜬다면 여러가지 조건들을 잘 살펴보고 현장 임장도 가보시길 추천드립니다.

4인 4색 **부산 부동산** 단톡방 엿보기

흑역사 사례 2. 부적격 당첨으로 폭풍 눈물 흘리다

눈물을 머금고 저는 주택청약통장을 다시 가입했고 1순위 조건을 맞춰 놨어요. 그리고 2019년 6월 연지래미안 어반파크 84B타입에 9.61 대 1의 경쟁률을 뚫고 당첨됐습니다. 저는 설레는 마음으로 연지동 일대를 임장하며 새로운 보금자리가 지어질 곳도 살펴보고 계약할 날만을 손꼽아 기다렸죠. 대망의 서류검수날! 연산동에 위치한 자이갤러리에 당첨자 신분으로 당당히 들어갔습니다. 서류를 제출하고 기다리던 중… 이것저것 서류를 검수하시던 직원분께서 부적격이라고 통보하셨죠. 상상도 하지 못했던 상황이라 당황했는데 자세히 살펴보니 세대구성에서 문제가 있었어요. 당시 부모님집에서 함께 살고 있던 터라 부모님과 하나의 세대로 구성되어있었고, 부모님이 소유한 주택수로 무주택자 자격이 되지 않았던 거죠. 세대구성의 의미도 제대로 몰랐던 저는 다시 눈물을 머금고 주택청약통장을 두번이나 날리게 됩니다. (110동 ****호 굳바이~ㅠㅠ)

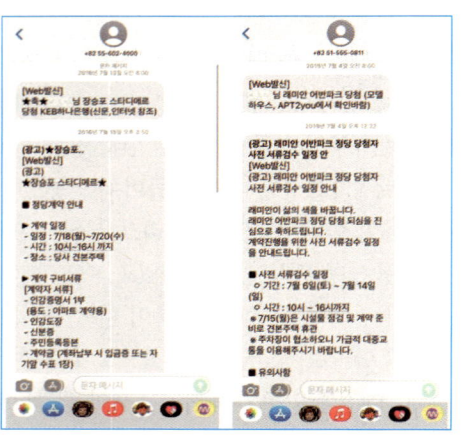

 청약전 무주택/1주택자 여부를 꼭 확인해주세요!

부산의 경우 조정지역이라 민영주택 1순위 조건이 무주택 혹은 1주택자입니다. 주민등록등본상 세대로 구성되어있는 세대 구성원의 주택 소유 여부를 꼭 확인한 후 주택청약에 도전하시길 추천드립니다.(세대주뿐만 아니라 본인의 배우자와 직계존비속 전원의 주택 소유 여부를 확인해봐야 합니다.)

09. 연지동 래미안어반파크(메인테마: 부동산 미래가치)

흑역사 사례 3. 팔랑귀로 인해 주택청약통장 날려.. 5년간 청약 못해..
(feat. 조정지역)

　제 남편 이야기입니다. 저희 남편은 저랑 결혼하기전까지 전형적인 하락론자였습니다. 집값은 더 떨어져야 한다고 생각했었죠. 그런 저희 남편은 저와 2019년 결혼을 하고 당시 분양을 앞둔 아파트 단지가 많았기에 주택청약당첨을 노리고 상대적으로 저렴했던 입주장 신축 아파트 전세로 신혼집을 구했습니다. 그러던 와중에 힐스테이트 명륜 트라디움이 분양하였고 84B타입에 청약 도전장을 내밀었습니다. 1순위 청약을 하고 경쟁률을 확인하니 1.61 대 1. 지금 분위기로는 도저히 상상할 수 없는 낮은 경쟁률이었죠.(단독 출마 수준..ㅋㅋ) 일주일 뒤 결과는 206동 중층 당첨! 지금 생각해보면 엄청난 행운이었는데 그 당시 좋지 못했던 부산 부동산 분위기와 상대적으로 비쌌던 분양가때문에 이것저것 재다가 결국 계약을 포기했었죠. 항상 할까말까 고민하고 마음이 불안할때 포기하게 되면 그 때 당시의 마음은 편하게 되기때문에 그런 아쉬운 선택을 한 것 같아요. 지금은 가격이 거의 두배가 되었죠? 사전점검 때 저희들의 보금자리가 될 뻔했던 206동 ****호를 바라보는데 눈물이 앞을.. 가렸답니다. 뿐만아니라 계약포기로 주택청약통장이 날라가서 조정지역 청약시 5년간 주택청약조차 못하는 상황에 놓이게 되었죠.

4인 4색 **부산 부동산** 단톡방 엿보기

 조정지역 주택청약 1순위 통장, 절대 날리지 마세요!

조정지역 민영주택 1순위 조건에 '세대 전원 과거 5년 이내에 다른 주택에 당첨된 사실이 없어야 함'이 추가되었습니다. 이 추가 조건으로 인해 저희 남편은 5년간 청약을 할 수 없게 되었죠. 그 이후 청약에 넣어보고 싶은 아파트 단지들이 많이 있었지만 청약을 시도조차 못하게 되었답니다. 따라서 주택 청약을 하실 때는 선당후곰(청약시장에서 일단 당첨부터 되고 고민하라는 뜻)하지 마시고, 꼭 계약까지 할 아파트 단지에 청약하시길 추천드립니다.

by 연산댁

■ 4 인 4 색 부 산 부 동 산 단 톡 방 엿 보 기 ■

거제현대홈타운
(메인테마 : 입지 좋은 구축, 학군지)

◎ 위　치 : 부산 연제구 거제동
◎ 준　공 : 2001년 7월(1차), 2002년 5월(2차)
◎ 세대수 : 2,237세대(총 24개동)

10

　태박이　　유동닉　　연산댁　　부산빠꾸미

저는 솔직히 아내가 학군, 학군 거릴때마다, 학군이 무슨 상관인가 하는 생각이 들 때가 많은데요.

부산에서는 남문초-여명중학교/거제여자중학교 진학이 가능한 거제홈타운 아파트가 대표적인 학군지 아파트라고들 하더라고요.

그런데 학군 그거 중요한가요?

4인 4색 **부산 부동산** 단톡방 엿보기

학군 매우 중요하죠. 저는 초등학교 시절 2년마다 이사를 다니며 총 3곳의 초등학교를 경험했죠. 마지막 정착지가 바로 거제동이었는데 거제동에 와서 학군의 중요성을 몸소 체험했어요.

어떤 점이 그리 좋던가요?

우선 동네 분위기가 다른 동네와는 확연하게 달랐어요. 유명한 학원도 많았고, 유해시설도 전혀 없어 공부에 집중할 수 있는 분위기였죠.

가장 기억에 남는 일은 제가 4학년 전학간 첫날 시험을 쳤었어요. 예전에 다니던 학교에서는 친구들이 공부를 열심히 하는 분위기가 전혀 아니었는데, 새로 간 학교에서는 친구들이 시험을 앞두고 문제집을 보느라 전학 온 저에게는 관심이 하나도 없었어요. 물론 관심을 못받은 서운함도 있었지만 그렇게 모든 학생들이 1분 1초를 앞다퉈가며 공부하던 모습에 초등학생이던 저는 꽤나 충격을 받았죠.

10. 거제현대홈타운(메인테마 : 입지 좋은 구축, 학군지)

그 날 이후에는 저도 그런 분위기에 휩쓸려서 공부를 시작했던 기억이 있답니다. 또래친구와의 관계, 학업 분위기의 영향을 가장 많이 받는 시절에 학군지에 이사를 가게 되면서 열공했던 케이스죠.

이렇게 몸소 체험해보니 학군지가 얼마나 중요한지 깨닫게 된 것 같아요.

 제가 유튜브 촬영을 하다 보면 다양한 사람들과 이야기를 할 기회를 많이 갖게 되는데, 학군지 부모님의 이야기, 그리고 학군지로 이사하고 싶은 부모님들의 이야기를 들어보면 결국 중요하게 생각하는 것은 아이가 노출되는 환경이더군요.

유년기, 학창시절에는 부모의 영향만큼이나, 친구의 영향도 아주 중요한 것 같아요.

부산 빠꾸미님, 투자관점에 있어서도 학군지가 중요한 이유는 뭔가요.

_ 185

4인 4색 부산 부동산 단톡방 엿보기

 학군이라는 하는 건 학업에 대한 아웃풋을 주로 얘기하지만 그것만을 말하는 게 아니고 인근의 학원가, 강사나 교사진, 학교, 학부모, 주변 환경, 시스템 등 종합적인 학업의 척도라고 할 수 있습니다.

서울대, 의대를 잘 보내는 곳을 보낸다는 의미의 학군이 아니라 요즘에는 학업이라는 것에 대한 성실한 태도, 공부에 대한 자세를 서로 배우면서 자극을 주는 곳이 학군지의 장점이자 개념이라 할 수 있겠습니다.

개인적인 경험상으로는 학군은 중학교 학군이 중요하다고 생각합니다.

사실상 초등학교까지는 사립초등학교라는 대체제가 있고, 부모의 케어가 필요한 시기이지 본격적으로 공부를 할 시기는 아닌 것 같아서인데요, 왜 다들 '초품아'를 선호하는 걸까요.

 초품아라는 말은 있지만 중품아, 고품아, 대품아는 잘 거론되지 않죠. 그런 부분에서 초품아가 가장 중요하다고 생각해요.

10. 거제현대홈타운(메인테마 : 입지 좋은 구축, 학군지)

초등학교 시기는 부모의 케어가 가장 필요한 시기인 것도 맞지만 그만큼 같은 연령의 자녀를 키우는 부모들의 열정과 사랑, 동네 분위기 등이 아이들의 미래 성장 가능성을 결정한다고 생각하기에 이 시기가 가장 중요한 시기라고 할 수 있죠.

또한 초등학교가 단지안에 있는 진정한 초품아의 경우 아이들이 신호등을 건너지 않아도 되어서 아이들을 안전하게 키울 수 있고 그런 점에서 부모들이 초품아를 선호하는 것 같아요.

초품아가 중요한 이유는 주택 구매층의 핵심층이 초등학교 부모라서 그런거 아닐까요? 실제로 연구조사 결과에서도 자녀가 초등학교 입학 시기인 결혼 후 10년차 부부 주택 구매율이 가장 높았고 서울 같은 경우에 이들이 많은 시기에 가장 많이 상승한 데이터도 있습니다.

제가 초등학생이었을때를 생각해보면, 저는 급격한 경사를 내려와서 횡단보도를 2개 건너야지 학교에 도착했습니다. 그때 저는 아무렇지도 않았고, 그것을 당연하게 받아들였습니다.

4인 4색 부산 부동산 단톡방 엿보기

그래서 사람들이 초등학교까지 길을 건너야하는지 여부를 체크하고, 초품아가 아니면 안된다고 하는 사람들을 볼 때, "길 한두개 정도는 건널 수 있지 않나?", "너무 유별나고 극성 아닌가?" 라고 생각했던 때가 있었습니다.

근데 제가 아이가 생기고, 부모의 입장이 되어 보니, 초품아를 왜 선호하는지 이해가 됩니다.

아마 모든 부모가 같은 마음이 아닐까 합니다.

단지 초등학교가 가깝다는게 아파트의 요건이라는게 저는 사실 이해가 잘 안가요. 사실상 맞벌이 부모들이 편하려고 그러는게 아닌가 싶기도 하고요…

사실 저 주위의 예를 보자면, 실제로 자녀 교육에 아낌없이 투자하는 분들은 대부분 동성이나 동래 등 사립초등학교로 진학을 하는 경우가 많기 때문에 초품아가 중요하다고 말씀하시는 부분에 대해서 약간 의아하긴 합니다.

다만 자녀를 사립초등학교에 보내는 학부모들은 사립초등학교의 장점으로 방과후교실이 잘 되어 있어서 별도의 라이딩(부모 중 한명이 자녀들의 학교와 학원의 차량 이동을 하는 것을 의미합니다) 없이도 오후 시간까지 자녀를 맡길 수 있다는 점을 꼽더라고요.

10. 거제현대홈타운(메인테마 : 입지 좋은 구축, 학군지)

물론 사립초등학교에 진학한 이후 많은 학생들이 3, 4학년을 지나면서 여러가지 이유로 일반 초등학교로 전학을 가는 코스를 밟기도 하고, 그 중 가장 큰 이유가 사립 초등학교의 사교육 경쟁에서 낙오(?)한 경우를 들 수 있다고 하더라고요.

다시 학군이야기로 돌아가자면, 이른바 사직 학군의 형성 과정에서는 부산지방법원이 거제동으로 이전되면서, 근방에 공무원들이 몰리고 관련 직군들이 사직 일대를 주거지로 삼았던 배경이 있다고 생각합니다.

반면 그렇기 때문에 학군지는 시간을 두고 변동이 가능한 입지인 것 같습니다. 물론 법원이 이전하지 않는 한 앞으로도 사직 학군은 탄탄할 것 같은데요. 혹시 앞으로 학군지의 이동이 있다면 부산 중에서 어디로 이동할 것 같나요.

앞서도 말씀 드렸지만 부산은 대구처럼 학군지의 몰빵으로 수성구 한 곳만 집중 육성되는 체계가 아니라서 지금처럼 다핵화 구조로 계속 형성이 될 듯 한데 앞으로 계속 좋아질 곳을 뽑자면 센텀과 좌동의 해운대 학군, 사직아시아드와 사직북로, 거제의 사직동 학군의 투톱 체계가 더 견고해질 것 같네요.

4인 4색 부산 부동산 단톡방 엿보기

동의해요. 거기에 한군데 더 추가하자면 남천동 학군도 전통적인 학군지로 유지될 것 같네요.

거제 현대 홈타운은 2000년대 초반에 지어진 아파트다 보니 국평기준으로 전형적인 3BAY 구조이고, 지하 주차장이 세대와 바로 연결이 안 된 동도 있으며 엘리베이터 개수나 속도가 아쉬운 점이 있는 편입니다. 한편 단지 전체가 평지이고 조경도 어느정도 무르익은 장점도 있네요.

또한 구축임에도 불구하고 광폭베란다가 적용되어 서비스 면적이 넓어 실사용 면적이 크다는 장점이 있지요.

_ 서비스 면적의 이해

10. 거제현대홈타운(메인테마 : 입지 좋은 구축, 학군지)

 홈타운은 그야말로 입지 좋은 구축인데요. 입지 좋은 구축과 입지가 다소 떨어지는 신축, 어디를 선택해야 하나요.

가령 거제 현대 홈타운과 동래삼정그린코아포레스트의 대결이랄까요.

_ 3BAY, 4BAY 구조

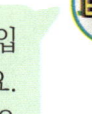

신축빨이라는 말이 있지요. 신축빨이 먹힐때까지는 입지가 다소 떨어지더라도 신축이 좀 더 낫다고 생각해요. 요즘 신축은 구축과 비교할수도 없을 정도의 편의성을 누릴 수 있기 때문이죠.

4인 4색 **부산 부동산** 단톡방 엿보기

> 지하주차장에서 바로 집으로 올라간다던가, 커뮤니티시설 내에 운동시설과 사우나, 취미공간이 있다는 것, 수납공간이 넉넉한 구조, 방음과 단열이 잘 되는 샷시 등등... 제가 신축 성애자라서 신축 장점을 말하려니 끝도 없네요. 비오는 날에 좁은 주차공간에서 비를 맞으며 트렁크에 짐을 꺼내야한다면? 신축 살다가 구축으로 못 돌아간다는 말이 괜히 있는게 아니죠.

> 그럼 연식만 앞서면 입지가 떨어지더라도 무조건 구축을 이기나? 그건 또 아닙니다. 일정 시간이 지나면 함께 늙어가는 사이가 되기 때문입니다. 새 것일때는 입지가 조금 떨어지더라도 압도적인 상품성으로 구축을 제압했지만, 함께 늙어간다면? 당연히 입지좋은 아파트가 선택을 받겠죠.

> 이런 관점에서 신축빨이라는 말이 있는 것이고, 신축빨은 제 개인적인 생각으로는 준공 후 5~7년차 정도까지가 아닐까하고 생각합니다.

> 저는 신축아파트 전세로 신혼생활을 시작하였다가 전세 계약이 만료되고 재계약 갱신에 실패하여 입지 좋은 구축으로 이사한 케이스에요. 둘다 경험한 경우죠.

10. 거제현대홈타운(메인테마 : 입지 좋은 구축, 학군지)

신축 아파트와 입지 좋은 구축 아파트는 각자 확실한 장·단점을 가지고 있는 것 같아요. 우선 신축 아파트는 눈이 휘둥그레질 정도로 최첨단 시스템이 많아서 생활하기에 편리했어요. 아파트 단지로 차가 들어오면 집에서 미리 알 수 있고, 커뮤니티 시설이 다양하게 있어서 아파트 단지내에서 대부분의 일상 생활이 가능할 정도였어요.

입지 좋은 구축 아파트의 가장 불편한 점은 주차장이죠. 지하주차장과 아파트 출입구가 연결되어있지 않아 비가 오는 날에는 많이 불편하죠. 하지만 입지 좋은 구축 아파트들은 주로 주변에 마트, 카페, 맛집 등이 잘 구성되어있어서 커뮤니티 시설은 따로 필요없을 정도에요. 연식이 오래된 만큼 그동안 주변 시설들이 커뮤니티화 되어있을 가능성이 높기 때문이죠.

그러한 점에서 개인의 선호도에 따라 신축이냐, 입지 좋은 구축이냐로 갈릴 것 같아요. 신축 아파트에 살아보니 확실히 젊은 세대가 많았고, 아이들은 갓난 아기부터 취학 이전 연령의 아이들이 많았어요. 그리고 젊은 세대들일수록 새 것을 좋아하는 성향이 있어 신축 아파트를 더 선호한다고 하더라구요. 그런 점에선 확실히 신축 아파트가 투자 가치가 있을 것 같아요.

하지만 아이가 초등학교에 들어가게 되고 초품아를 비롯하여 학군과 실거주 분위기를 살펴보게 된다면 입지 좋은 구축의 수요는 꾸준할 것이라 예상됩니다. 가격적인 면에서는 신축 아파트도 결국 시간이 흐르고 연식이 쌓일 것이기 때문에 5-10년뒤에는 결국 입지 좋은 구축과 비슷한 가격을 형성하게 되지 않을까 생각합니다.

동래삼정그린코아포레스트 일명 동삼포하니 2020년의 아픈 기억이 떠오르네요. 여기가 상승하기 전에 투자로 매수를 했는데 가계약금 1천만원을 했는데 이틀 만에 가계약금 배액 배상이 일어나서 1천만원 받고 다시 사직동 구축 대단지인 사직쌍용에 투자한 경험이 있는데요

가계약금 1천만원을 배액배상 받고 몇 억이 떡상하는 경험을 했습니다.

여기서 유동닉님께 질문이 있는데요. 저 같이 가계약금 상태에서(계약서 미작성) 문자로 계약의 주요 내용을 부동산 통해서 주고 받았다면 배액배상의 범위는 가계약금인가요? 아니면 전체 계약의 10% 계약금 수준이 되는 건가요?

그리고 위의 답변을 드리자면 이건 케이스 바이 케이스라 다르긴 한데 사직동의 경우에는 입지 좋은 구축인 현대 홈타운이 더 낫다고 생각합니다. 말그대로 사직동에서 가장 중요한 것 학군과 교통인데 이 2가지가 완벽하게 조화를 이룬 곳이 거제홈타운이니깐요. 옛날에 부산에 돈좀 있다는 사람들은 거제 홈타운 대형에 다 살았다는 썰도 있습니다. ㅎ

10. 거제현대홈타운(메인테마 : 입지 좋은 구축, 학군지)

배액배상부터 답해드리자면… 빠꾸미님 케이스에서는 사실 문자 내용이 중요한데, 문자 내용상 가계약금에 대해 배액배상이라고 적혀 있었을 가능성이 높지요. 그렇다면 가계약금에 상응하는 배액배상을 하면 됩니다.

가계약금 사례의 경우 전체 계약의 10%를 배액배상하는 경우는 매우 드문 경우입니다. 상세한 것은 제가 출연한 태박이 유튜브를 시청하시길ㅎㅎㅎ

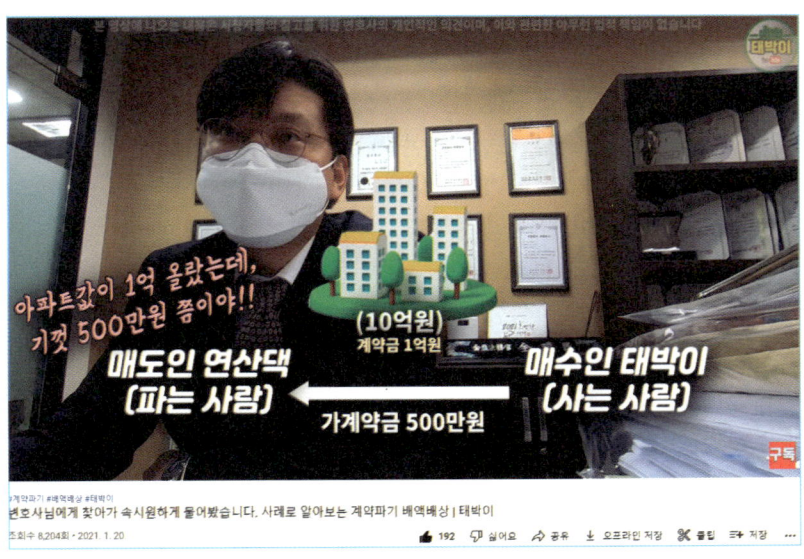

_ 가계약금 배액배상 유튜브 캡처

_ 195

4인 4색 **부산 부동산** 단톡방 엿보기

다시 주제로 돌아가서 저희 아내가 수도권에서 살다가 저와 결혼하면서 부산에 오게 되었는데요. 아내가 생각하기에 부산지역에서 살고 싶은 동네로 손꼽는 동네 중 하나가 아시아드 대로를 끼고 있는 사직동 근처였습니다.

동네가 깔끔하고 유해시설도 없고, 뭐 학원가도 많고 상권도 발달해 있는 등, 여러 장점이 있는 것 같습니다. 약간 수도권 신도시 느낌이 나는 지역이지요. 여러분들이 생각하는 이른바 사직 아시아드 라인의 장점이 있다면?

사직 아시아드 라인은 제가 사직북로와 함께 투자 검토를 했던 지역 중 하나인데요. 사직 아시아드 라인은 일단 사직동에서 신축 아파트들이 많이 지어진 곳이고 대부분 역세권이라 역에서 가깝다는 장점이 있습니다.

또 사직동의 장점인 학군 인프라가 좋은 곳이며 사직운동장을 비롯하여 전통시장과 운동 시설등 부산 안에서도 생활 전반적인 수준이 높은 곳이 사직 아시아드 라인이라고 생각합니다.

10. 거제현대홈타운(메인테마 : 입지 좋은 구축, 학군지)

사직 아시아드라인의 대표적인 아파트가 사직롯데캐슬이 있는데요, 가장 두드러지는 장점은 학군+평지가 아닌가 합니다. 그냥 학군과 상권/인프라가 발달한 원도심 입지라면 그 매력도가 덜했을텐데, 평지라는 요소가 더해졌다는 것이 포인트입니다.

부산은 지형 특성상, 원도심에는 평야가 없고 산이 많아서 경사를 끼고 아파트가 지어지는 경우가 꽤장히 많습니다. 따라서 고바위는 가루가 되도록 까이기도 하고, 반대로 평지는 그 가치를 크게 인정받습니다.

부산에서 아파트를 고를 때, 평지라는 가치를 꼭 기억해주세요. (그만큼 값이 비싸진다는 것이 함정...ㅋ)

앞서 말씀해주신 장점에 한 가지 더 추가하자면 교통인 것 같아요. 저는 30년 넘게 뚜벅이로 활동하다보니 대중교통의 접근성을 상당히 많이 고려하는 편인데, 실제로 거제동에 거주할 때 버스노선도 많고 지하철도 인근에 많이 있어서 어느 지역이든 재빠르게 이동할 수 있었던 것 같아요. 실제로 사직동은 부산 중심부에 위치하여 어딜 가도 가깝거든요. 그 점이 정말 좋은 것 같아요.

4인 4색 **부산 부동산** 단톡방 엿보기

태박님이 평지 아파트 이야기를 하시니…
제가 신혼집으로 고른 아파트가 거제2구역 레이카운티 낙수지역으로 꼽히던 고바이에 위치한 아파트였던 기억이 나네요.

주위에는 인프라라고 할만한게 거의 없어서 와이프가 늘 불편해 했던 기억이 납니다.

나중에 매도시에도 결국 인테리어비를 포함하면 거의 2000만원 정도 손해를 보고 매도했는데요. 매도하고 나니 부산의 대세상승장의 막판에 돌입하여 거의 5000만원정도가 상승한 걸 보고 뒷목잡은 기억이 납니다ㅠㅠ.

사실 제가 신혼집을 고를 때, 직장 동료분이 현대홈타운을 사라는 말씀을 했었는데, 예산보다 조금 비싸다는 이유로 포기했던 아픈기억도 있네요ㅎㅎ

솔직히 구축은 내부 구조나 아파트 단지 컨디션에 대해서는 할말이 없습니다.

다만 저는 생활의 쾌적성이나 편리성에 있어서 구축은 한계가 있다고 생각합니다. 특히 최근 준공된 신축 아파트가 가진 여러 장점은 2010년도 이전에 준공된 아파트들이 대체 불가능한 부분 같습니다.

10. 거제현대홈타운(메인테마 : 입지 좋은 구축, 학군지)

다만 현대 홈타운의 경우, 단지내에 40평대 이상의 대형평수 세대가 포함되어 있기 때문에 장점이 있다고 생각됩니다. 대형평수는 공급 자체가 적었기에 앞으로도 희소성이 높을 것 같습니다.

구축 대형평수와 신축 국민평형 중에서는 어디를 선택하고 싶으신가요.

투자 관점에서 보면 도시의 부동산 사이클에 따라 다르다고 생각합니다.

보통 투자의 관점에서 한 도시가 상승장에 접어들면 투자자와 실거주자의 수요가 맞물려 국민평형인 신축 84 타입(30평형대)가 가장 많이 오릅니다.

요즘의 가족 구성인 3명과 4명이 생활하기에 가장 적합한 구조와 평형대 이기 때문이죠.

초기 상승장이 지나면 입지 좋은 구축과 소형 평수도 오르는데 나중에 상승장의 중반 이후로 지나면 입지 좋은 구축의 대형 평형도 희소성을 인정 받으면서 많이 오릅니다. 수도권에서도 경험한 내용입니다.

그 시장이 어떤 사이클에 있고 단지별로 형평별로 얼마나 상승했지만 분석해서 투자 차원으로 검토를 하면 되겠습니다.

매도 이야기가 나와서 하는 말인데, 매도와 매수 관련하여 꿀팁을 말씀드리자면,

투자자들 사이에서 매수는 기술이고 매도는 예술이라는 말이 있습니다.

그만큼 매수는 투자금만 있으면 언제든지 살 수 있지만 매도는 내 매물을 사주는 사람과 때를 만나지 않으면 언제 매도가 될지 알 수 없습니다.

요즘 같은 조정장 거래 절벽에 더 공감 하실 겁니다.

매수를 할 때는 도시의 사이클상 하락장에 한 가운데에 있을 때 여러 대체 아파트까지 고려해서 가급적 한 곳의 부동산(여러곳을 동시에 이용할 경우 매도자는 여러 부동산에서 연락 올 경우 매수자가 많은지 알고 착각하는 경우도 있음)을 이용해서 목표가를 제시한 후 네고를 많이 하는 게 좋습니다.

이 가격이면 사고 아니면 차선을 사겠다. 이런 마인드로 여러 매물을 경쟁시키면 부동산 소장님이 매도자를 경쟁시켜서 네고가 많이 되는 경우가 많습니다.

10. 거제현대홈타운(메인테마 : 입지 좋은 구축, 학군지)

반대로 매도를 할 때는 욕심을 조금 내려 놓고 매도를 진행 하는 게 좋습니다. 가장 좋은 매도 타이밍은 대세 상승장에서 실거래가 최고가에서 호가를 한번 더 올려서 호가에 체결되면 계약하는 게 좋습니다. 물론 상승장에서 매도를 하면 매도가 보다 더 오르는 경향은 있지만 조정장에 거래가 안되는 것 보다는 좋습니다.

그래서 매도를 할 때는 항상 매도 목표가가 있어야 합니다. 저는 매수를 할 때부터 매도 목표가가 있기에 매수세가 강 할때 목표가를 올려서 계약이 체결 되면 미련없이 매도를 진행 합니다.

입지, 가격 등을 종합적으로 판단해봐야 할 문제이지만, 개인적으로는 구축 대형평수를 선택할 마음이 더 큰 것 같아요. (구축이 재건축 단지라면 더더욱..)

코로나19 이후 재택근무 등 집에서 생활하는 시간이 많아졌습니다. 그리고 아이를 1명 키우는 입장에서도 30평대 집이 좁게 느껴지기 시작하고 더 큰 평수에서 여유롭게 살고 싶다는 마음이 계속 생깁니다.

가치 관점으로 봤을 때에도 메리트가 있습니다. 분양하는 아파트를 보면 알겠지만, 전용84㎡ 이하 중소형으로만 공급하는 아파트가 대부분입니다. 그 이상의 타입이 들어가더라도 40평대이고, 50~70평대의 대형 평수 공급은 아주 드물죠. 기존 대형평형이 더욱 유니크해진다는 근거입니다. 부동산 가치 = 희소성 이니까요.

4인 4색 부산 부동산 단톡방 엿보기

현재 390만 조회수를 기록하고 있는 엘지메트로시티 92평 영상에서 집 주인분이 하셨던 말씀이 기억납니다.

"좁은 집에 살 때는 가족끼리 서로 부딪히고, 사춘기 자녀의 프라이버시가 보호되지 않고 마주치게 되다보니 계속 잔소리하게 되고 다툼이 많았다. 하지만 큰 집에 이사와서 넓은 공간에 있게 되니까 그런게 없어지고 서로 서로를 이해하기 되고, 마음에 여유가 생겨서 가정이 화목해지더라"

저는 이 말이 참 공감이 되었습니다. 그래서 저희 가족 단기 목표를 해운대 대우마리나 대형평수로 입성하는 것으로 잡았습니다. 대형평수에서 여유로운 마음을 가지며 생활하고, 재건축 기대감에 따른 투자수익까지도 챙기고 싶은 것이지요.

신축 살았을 때는 무조건 신축이 짱이라는 생각을 했었어요. 근데 지금 구축에 살아보니 인테리어로 구축의 불편함이 어느 정도 해소가 되고, 미래의 아이를 생각한다면 구축 대형평수를 선택하고 싶어요.

제 인생 최대 평수는 34평이라 살아생전 넓은 평수에 한번 살아보고 싶은 로망도 있고, 유튜브 태박이 채널에서 화명동 롯데캐슬 카이저 61평을 보고 아이방안에 따로 드레스룸과 화장실이 있는 걸 보고 저런 넓은 집에서 아이를 키우고 싶단 생각이 들었거든요. 기회가 된다면 대형 평수로 꼭 갈아타고 싶어요.

10. 거제현대홈타운(메인테마 : 입지 좋은 구축, 학군지)

부동산 거래에 있어 가계약금과 배액배상에 대하여

매도인 A와 매수인 B가 아파트 매매계약을 체결하면서, 매매대금은 1억원, 계약금은 1,000만원으로 정하기로 하고, 우선 매수인 B가 2022. 4. 6. 매도인 A의 계좌로 계약금 1,000만원만을 이체한 경우를 가정해 봅시다.

계약이 체결된 이후, 매도인 A의 입장에서는 받은 계약금(계약금을 1,000만원 받은 경우)의 배액인 2,000만원을 지급하고 계약을 해제할 수 있고, 매수인 B의 입장에서는 지급한 계약금의 반환청구를 포기하면서 계약을 해제할 수 있는데, 이러한 경우를 '배액배상'이라고 합니다.

한편 매도인 A의 입장에서 유의하여야 할 것은 단지 계약해제 의사표시만을 하면 계약이 해제되는 것은 아니고, 배액인 2,000만원을 실제로 지급하거나, 그에 준하도록 제공하여야 한다는 점입니다.

이는 통상 「매매의 당사자 일방이 계약당시에 금전 기타 물건을 계약금, 보증금등의 명목으로 상대방에게 교부한 때에는 당사자간에 다른 약정이 없는 한 당사자의 일방이 이행에 착수할 때까지 교부자는 이를 포기하고 수령자는 그 배액을 상환하여 매매계약을 해제할 수 있다.」고 규정한 민법 제565조 제1항에 근거를 둔 '법정해제권'의 행사에 해당합니다.

한편, 위 '법정해제권' 외에도, 당사자 사이에 약정을 통해, 「매수인이 중도금(중도금이 없는 경우에는 잔금)을 지불하기 전까지 <u>매도인은 계약금의 배액을 배상하고, 매수인은 계약금을 포기하고 이 계약을 해제할 수 있다.</u>」는 내용의 '약정해제권'이 존재하는 경우에는, 매도인의 입장에서는 '약정해제권'을 행사할 수도 있습니다.

그런데 앞의 사례에서 매도인 A와 매수인 B가 아파트 매매계약을 체결하면서, 매매대금은 1억원, 계약금은 1,000만원으로 정하기로 하고, 우선 매수인 B가 2022. 4. 6. 매도인 A의 계좌로 가계약금조로 100만원만을 이체한 경우를 가정해 봅시다.

이러한 경우 공인중개사에 따라서는 가계약금만이 지급된 경우라고 하더라도, 매도인과 매수인 쌍방에게 '매매목적물, 가액, 대금의 지급방법'을 적시한 문자메시지를 보내기도 합니다.

가계약금만이 지급된 경우에, 만약 매도인이 추후 변심하여 후속조치를 취하지 않으려고 하는 경우, 매도인이 매수인에게 계약을 해제하기 위해 제공하여야 하는 금액에 관하여서, 언론보도 등을 통해서 '대법원 2015. 4. 23. 선고 2014다231378 판결'을 근거로 '만약 계약이 성립되었다고 인정할 수 있는 사실관계(즉 매매계약의 목적물, 대금, 대금의 지급방법 등에 관한 의사의 합치)가 있고, 가계약금을 지급한 것이 계약금의 일부로 지급된 경우로 인정할 수 있다면, 계약을 해제하려면 <u>기지급된 가계약금이 아니라, 계약 당시 약정된 약정계약금의 배액을 지급하여야 한다.</u>'라는 취지의 주장을 접하게 됩니다.

즉 위 사례에서, 매도인 A가 실제로 받은 돈은 100만원인데, 계약을 해제하기 위해서는 배액배상으로 1,000만원을 지급하여야 한다는 주장을 하는 것이지요.

하지만 위 '대법원 2015. 4. 23. 선고 2014다231378 판결'은 '가계약금' 사례에서 판단한 사례가 아니기 때문에, 가계약금만이 지급된 경우에는 해당 문자의 내용에 따라 구체적으로 판단하여야 하는 것이지, 일률적으로 약정계약금에 해당하는 금액에 상응하는 배액을 제공하여야 계약을 해제할 수 있다고 볼 수는 없습니다.

위처럼 법원의 판단은 구체적인 상황에 따라서 달라지기 때문에, 널리 알려진 지엽적인 판례만을 근거로 만연히 추측하는 것은 위험하고, 부동산이 상승기인지 하락기인지, 내가 매도자인지, 매수자인지에 따라서 구체적인 약정을 잘 하는 것이 계약시에 가장 중요한 것이지요.

by 유동닉

■ 4인 4색 부산 부동산 단톡방 엿보기 ■

용호동 LG메트로시티
(메인테마 : 리모델링, 아파트 트렌드)

◎ 위　치 : 부산 남구 용호동
◎ 준　공 : 2001년 6월 – 2003년 8월
◎ 세대수 : 7,374세대(총 80개동)

　태박이　　유동닉　　연산댁　 부산빠꾸미

 LG메트로시티는 2001. 6.부터 2004. 10.까지 지어진 총 세대수 7,374세대의 그야말로 초대형 아파트 단지입니다.

매머드급이죠? 부산에서 가장 큰 초대형 아파트 단지로 알고 있어요. 하나의 마을이라고 봐도 무방하겠네요.

분양 당시 부산에서 보기 드물게 72평과 92평 등 초대형 평수를 포함한 구성이었고, 이 때문에 한때 LG메트로시티는 2000년대 중반 당시 신흥 부촌으로 부상했었다고 합니다.

대학시절 대연동에 사는 친구집에 갈때마다 놀랐던 기억이 아직도 있는데요. 현재도 대형 평수에는 전문직 종사자들이나 정치인, 자영업자 등 경제적으로 여유가 있는 사람들이 이사가지 않고 거주하는 경우가 종종 있다고 합니다.

제가 아는 분만해도 전직 고위 법관님들, 이름만 대면 알만한 모 기업 사장님 등이 많이 거주하셨지요.

LG메트로시티하면 아픈 기억이 있는 아파트입니다. 나오는 아파트마다 아픈 기억이 있네요. 누나 가족이 용호동에 사는데 누나가 사는 아파트는 용호동의 산중 아파트입니다. 말 그대로 산만디 아파트죠. 부산이 상승장에서도 잘 오르지 않는 아파트 일 겁니다.

11. 용호동 LG메트로시티(메인테마 : 리모델링, 아파트 트렌드)

그래서 2018년에 부산이 하락하고 있을 때 메트로시티 가격도 많이 조정을 받았습니다. 3억대 매물이 많았는데 이때 누나 아파트도 좀 떨어졌지만 1억 정도의 차이 밖에 안나는 시점이어서 메트로시티로 이사가기를 강력하게 추천했죠. 용호동에서는 입지가 메트로시티가 가장 좋다고 생각했기 때문에 추천했던 겁니다. 학군, 상가, 교통 대부분의 입지에서 가장 좋다고 평가를 했죠.

그런데 누나 가족은 시어머니가 같은 아파트에서 아이들을 봐줘야 하기 때문에 어렵다고 했고 결국 용호동 메트로시티는 리모델링 이슈를 안고 날아 올랐죠. 지금은 누나 아파트와 시세 차이가 4억이상 납니다.

물론 한번의 뼈져린 경험으로 다른 곳 투자를 해서 만회를 했지만 아직도 누나 가족을 메트로시티로 이사 못 시킨 것은 아쉬운 부분입니다.

아.. 빠꾸미님도 아픈 기억이 있으셨네요. ㅎㅎ 그러한 기억들이 쌓이고 쌓여 현재 초특급 고수의 내공이 생기신 것 같아요.

저는 최근 지인이 부산 부동산 시장의 대세 상승장을 잘 활용하여 실거주 아파트를 처분하고 LG메트로시티로 갈아타셨어요. 40평대 아파트를 처분하고 1억 5천 정도의 돈을 더 얹어 30평대 아파트로 옮기셨지만 실거주 만족도는 높다고 하시네요.

> 대형 평수에 경제적으로 여유 있는 사람들이 오랫동안 거주한다는 것은 그만큼 실거주 만족도가 높다는 반증이죠. 그리고 초대형 평수가 있는 아파트 단지가 많이 없어서 희소성도 높다고 생각해요.

> 어쨌거나 여러모로 많은 장점을 가지고 있는 아파트이나, 구축이라는 한계가 분명한 아파트인데요. 최근 이 아파트가 소위 '리모델링' 붐을 타고 주목받고 있습니다.

> 리모델링 대상은 준공후 15년 이상된 아파트를 대상으로 하지요. 리모델링 사업은 추진위를 구성하고, 주민 66.7% 이상의 동의를 얻으면 조합이 설립되어 사업이 진행됩니다.

> 조합설립 이후에도 시공사 선정, 안전진단, 건축심의, 행위허가, 분담금 확정, 이주/착공 등의 절차를 거쳐야 합니다.

11. 용호동 LG메트로시티(메인테마 : 리모델링, 아파트 트렌드)

_리모델링 기본 절차 도식

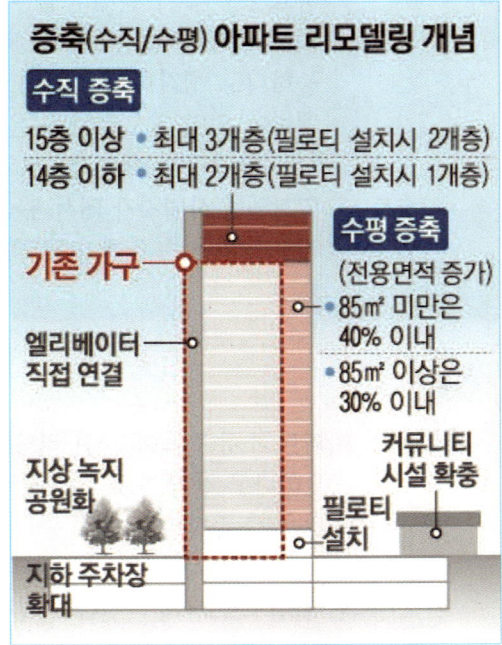
_아파트 리모델링 개념

4인 4색 **부산 부동산** 단톡방 엿보기

 그 과정에서 수직증축이나 별동증축이 이루어지지 않으면 결국 분담금이 커질 우려가 있어서 진행이 힘들 수도 있습니다. 리모델링이 이루어지려면 필수적인 조건이 있을까요.

 제가 개인적으로 판단하는 리모델링 가능 단지의 조건이 있는데 바로 대단지, 학군지, 중층 아파트 라는 조건입니다. 보통 리모델링이 추진되는 단지는 학군지로 입지가 좋은 15층 전후의 중층 아파트로 추가 분담금 지출이 가능한 소득 수준이 양호한 지역에서 추진이 가능합니다.

용호동은 추가 분담금을 내더라도 신축의 수요가 더 많은 곳이라 리모델링이 가능하다고 생각하고 시간이 걸릴 뿐 리모델링이 되면 앞으로도 많은 발전이 있다고 생각합니다. 개인적으로 부산에서 1호 리모델링 사업지가 돼서 부산 전체적으로 리모델링 우수 사례가 됐으면 합니다.

 아파트 소유주들이 가진 리모델링에 대한 열정이 가장 중요하다고 생각해요. 리모델링이 진행되기 위한 필수 조건을 충족시키는 것도 중요하지만, 결국에는 아파트 소유주들이 리모델링을 얼마나 찬성하느냐에 따라 사업 진행 속도가 달라진다고 생각하기 때문이죠.

11. 용호동 LG메트로시티(메인테마 : 리모델링, 아파트 트렌드)

 입지 좋은 구축 아파트에 거주하고 있는 분들의 의견을 살펴보면 반반이에요. 주로 젊은 세대들은 아파트 투자와 재테크에 관심이 많아 찬성하는 경우가 많고, 경제활동에서 은퇴하신 분들은 반대하시는 분들이 종종 있어요.

리모델링이 성공적으로 진행되어 아파트 시설이 좋아지는 것에는 찬성하지만 추가 분담금에 대한 부담감과 공사가 진행되는 동안 이사를 해야하는 번거로움이 발생하기에 반대하시더라구요. 따라서 리모델링은 정말 그 아파트 소유주들이 어떤 의견을 가지고 있는지에 따라 많이 좌우되는 것 같아요.

솔직히 메트로시티는 리모델링이 되기에는 세대수가 너무 많아요.

 리모델링이 되기에 세대수가 많은 게 장점이자 단점이 될 수 있어요.

장점이라는 것은 사업성이 더 높아진다는 말이고 단점은 사업 추진에 있어서 반대 세력이 생겨서 사업 기간이 길어질 수 있다는 리스크도 있는 것이죠.

그래도 재건축 기간보다 사업의 기간이나 리스크는 적다고 생각해요.

4인 4색 부산 부동산 단톡방 엿보기

아무래도 7,374세대 대단지이기때문에 많은 사람들의 의견을 취합하는데 시간이 많이 소요될 것이라 생각해요. 하지만 대단지이기에 분담금이 조금 절감될 수도 있고, 사업성도 그만큼 커질 수 있다고 생각해요. 그런 부분에서는 장단점이 있다고 생각할 수 있겠네요.

아직 부산 부동산 시장에서 리모델링 사례는 생소하기에 메트로시티가 성공하여 성공사례를 만든다면 다른 단지들도 줄줄이 성공할 수 있지 않을까 생각합니다.

개인적으로 메트로시티의 경우에는 재건축이 될 때까지 기다릴 것인지, 리모델링을 통해 현재 가치를 높일 것인지의 선택의 문제라고 생각합니다.

개인적인 생각으로는 리모델링은 한계가 있다는 생각이 들어요.

재건축이 불가능하다는 의견이야 사실상 현재의 규제 상황을 전제로 한 것이니깐요.

앞서 말했지만 리모델링은 재건축으로 사업성이 안나오는 대단지 중층이상 입지가 좋은 아파트에서 진행이 됩니다.

11. 용호동 LG메트로시티(메인테마 : 리모델링, 아파트 트렌드)

저는 지금 시점에서 재건축을 기다리는 것 보다는 시장의 상황에 맞는 대처가 중요하고 이런 사업 같은 경우에는 결국 시간 싸움이 되니 리모델링 이슈가 나올 때 빠르게 추진하는 게 더 낫다고 봅니다.

현재 엘지메트로시티에서 재건축이 아닌, 리모델링을 하겠다고 하는 논리는 아래와 같습니다.

1) 현재 용적률을 300% 넘게 쓰고 있는데, 재건축을 하더라도 용적률 300% 상한선에 걸리므로, 재건축은 사업성이 없다.
2) 더욱이, 재건축 시에는 기부채납까지 해야 하고, 재건축 초과이익환수제까지 적용되므로, 오히려 역행하게 되는 그림이다.
3) 엘지메트로시티보다 더 노후한 동래럭키아파트도 안전진단을 통과못했기 때문에, 안전진단 통과까지 시간이 너무 많이 소요될 것이다.

위 근거로 미루어봤을 때, 리모델링을 추진하는 분들의 입장이 수긍이 됩니다. 하지만 사업추진을 위해서는 이사도 나가야 하고, 추가분담금도 내야하는 등 시간/공간/비용적으로 노력과 희생이 따르므로, 반대하는 입장 역시 이해가 됩니다.

결국 이런 부분들이 상호 합의되고 양보되어야 동의율이 올라가고 조합설립이 되어 사업이 본격 추진되겠지요.

리모델링이 옳다/그르다의 문제가 아닌, 주민들끼리 얼마나 공감대를 형성하느냐의 문제인 것 같습니다.

정권이 바뀌면서 재건축에 대한 규제완화가 예상되어서… 여러모로 선택지가 있는 상황이라고 생각합니다.

사실 요즘 '브역대신평초' 대신 '뷰역대 신평초'라는 말이 나올만큼 '뷰'가 가지는 가치가 높은 시기입니다. '거실에서 광안대교 주탑 2개가 다 보이면 성공한 것이다.'라는 이야기가 있기도 하지요.

그런데 메트로시티가 지어지는 시기에는 '남향'을 선호하는 시절이었고, 이른바 '광안대교 뷰'에 대한 인식이 없었기에, 그 당시 메트로시티는 대부분이 남향 위주로 설계되었고, 결과적으로 광안대교 뷰가 없는 세대가 많지요. 리모델링을 통해서 이런 부분도 극복이 가능한건가요.

신축아파트라면, 용호동 W처럼 '개구리 구조'로 배치하여 뷰를 극대화하는 방향으로 설계가 가능할텐데요.

11. 용호동 LG메트로시티(메인테마 : 리모델링, 아파트 트렌드)

_ 바다조망 더블유(W) 배치

아시다시피 리모델링은 기본적인 골격을 그대로 두고 용적률 혜택을 받아서 앞뒤로 추가 확장 공사로 신축을 만들고 공용부와 커뮤니티 업그레이드에 목적이 있습니다.

즉 30평대 조합원의 평수에서 앞뒤로 10평을 추가해서 40평대를 만들어주고 신축으로 바뀌면서 단지 조경과 같은 공용부와 커뮤니티 업그레이드로 신축의 가치를 더하는데 목적이 있습니다.

그래서 메트로시티 같은 경우에도 조망 보다는 평형 업그레이드나 신축화 되어 가치 상승에 더 중점을 둔 케이스라 볼 수 있습니다.

> 리모델링을 통해 뷰 부분의 개선도 가능합니다. 구조를 완전히 바꿀 수 있기 때문이죠.

> 불과 몇 년 전만 하더라도 북향 집은 상상도 못하던 시절이 있었습니다. 하지만 그 고정관념을 용호동W가 깨부수어 주었네요. 용호동W는 북향으로 광안대교를 바라보고 있지만, 조망 자체가 워낙에 훌륭해서 좋은 평가를 받고 있습니다. 이제는 뷰만 나온다면 거실 방향은 문제가 되지 않는 시대가 왔습니다.

> 엘지메트로시티에서도 일부 세대는 북향으로 광안대교뷰가 나옵니다. 제 유튜브 영상에 나오는 92평형 세대가 그런 곳인데요. 그런 집은 리모델링 시 거실 방향을 북쪽으로 바꿔서 광안대교뷰를 확보할 수 있다고 합니다. 리모델링 추진위원회와 인터뷰 시, 실제로 이를 염두에 두는 것 같았습니다. 충분히 가능하리라 봅니다.

> 일부 구조개선을 통해서 뷰도 개선이 가능하군요.

> 저는 개인적으로 미래의 투자가치와 관련해서 '입지'보다는 해당 아파트가 '신축'의 조건을 갖추었느냐, 내지는 향후에 갖출 가능성이라도 있느냐를 더 크게 보는 편인데요.

11. 용호동 LG메트로시티(메인테마 : 리모델링, 아파트 트렌드)

메트로시티의 경우에는 지하주차장, 세대연결 엘리베이터, 커뮤니티 시설 등의 증축이 리모델링을 통해서 가능한지, 얼마나 걸릴지가 궁금합니다.

리모델링을 통해서도 충분히 신축의 조건이 되죠. 수도권 특히 강남의 경우에는 리모델링 사례가 많이 나오고 있는데 기본 골격만 두고 용적률 혜택을 받아서 앞뒤로 새로 만들어서 30평형대를 40평형대로 바꿔주고 지하주차장과 세대 연결 엘리베이터, 커뮤니티 시설 신설, 고급화 등으로 아파트의 가치를 올려 줍니다.

리모델링 기간은 촬영까지 했던 태박이에게 넘깁니다. ㅎ

제가 엘지메트로시티 추진위원회와 인터뷰를 해본 결과, 지하주차장 세대연결 엘리베이터 구축이 가능하다고 합니다. 특히 현재도 세대당 1.7대 주차공간을 가진 지하주차장이 있기 때문에 지하를 새로 팔 때 발생하는 공사비를 많이 절감할 수 있다고 하네요.

그리고 커뮤니티시설 역시 신축급으로 신설할 계획이 있다고 합니다. 요즘 신축에서 많이 보이는 선큰을 활용한 지하 공간에 커뮤니티 시설을 구축하는 형태로 진행 가능하며, 세대수가 많고 대지가 넓다보니 영화관, 아이스링크 등의 특화된 시설을 포함하는 것으로도 검토를 할 수 있다고 했습니다.

공사기간은 지켜봐야 알겠지만, 서울/수도권에서 실제로 진행되는 리모델링 단지의 경우, 38~40개월 정도를 잡고 공사를 진행한다고 하네요.

_ 개포더샵트리에 리모델링 성공 사례
출처 : 유튜브 더샵TV(https://youtu.be/2FZgbXu5kNE)

11. 용호동 LG메트로시티(메인테마 : 리모델링, 아파트 트렌드)

리모델링 호재를 제외한 LG메트로시티 자체의 매력은 무엇이라고 생각하시나요.

일단 학군과 더블유(W) 입지를 공유한다는 점, 해안가 아파트라는 장점이 있죠.

학군이 좋으면서 부산에서 해안가 아파트가 된다는 점은 상당히 입지가 좋다는 말이기도 합니다. 그리고 어느정도 대체 불가능의 입지기도 하지요.

그렇기에 최대 약점인 연식을 리모델링으로 커버하여 사업이 제대로만 진행 된다면 LG메트로시티의 미래는 밝습니다.

신도시처럼 초/중/고를 모두 끼고 있는 환경, 그리고 남천동과 인접한 해안가 입지라는게 큰 장점이 아닐까요?

특히 남천동은 학원가가 있으며, 삼익비치를 중심으로 랜드마크급 아파트 밀집지역이 될 곳인데요, 그 바로 옆에 있다 보니 후광효과도 어느 정도 누릴 것 같습니다. 남천동이 너무 비싸다면 차선책으로 바라볼 수 있는 입지의 대단지 아파트이니까요.

■ 4인 4색 부산 부동산 단톡방 엿보기 ■

협성휴포레부산진역오션뷰
(메인테마 : 개발 호재)

◎ 위　치 : 부산 동구 수정동
◎ 준　공 : 2019년 7월
◎ 세대수 : 788세대(총 3개동)

　태박이　　유동닉　　연산댁　 부산빠꾸미

부동산에 있어서 대형개발, 대형호재 뭐 이런것들이 중요하다고 생각하시나요.

부동산 투자에 있어서 대형개발, 대형 호재 이런 것들이 매우 중요하죠.

4인 4색 **부산 부동산** 단톡방 엿보기

> 한때 부산 부동산 카페에서 어떤 지역에 말만 나오면 호재네요. 라고 유행했던 기억도 있는데요. 맥도날드, 스타벅스 생길 때 마다 호재네요. 라고 댓글 놀이하는 모습을 보고 웃었던 기억도 있습니다.

> 호재가 있으면 물론 좋지요. 하지만 따지고 보면 호재없는 지역이 없을 만큼 부산 전역으로 교통/개발계획이 아주 많습니다. 그 중 진짜 진행될 수 있는 호재, 빨리 실현될 수 있는 호재를 분별하는 능력이 중요할 것 같아요.

> 저 개인적으로는 호재 부분의 비중을 낮게 두는 편입니다. 개발 호재를 쫒아 아파트를 선택하기보다는, 본연의 가치(브역대신평초), 대중이 어떻게 평가하는지를 더 중요하게 생각합니다.

> 부동산 개발 관련 기사가 뜨면 "호재네요~" 라고 하면서 무조건 호재라고 하는게 생각나네요. ㅎㅎ 개인적으로 호재가 있음 바로 부동산 가격에 선반영되는 부분은 있는 것 같아요. 보통 기사 날 때 한번, 삽뜨면 한번, 완공되면 한번 오른다고 하죠?

12. 협성휴포레부산진역오션뷰(메인테마 : 개발 호재)

하지만 장기적인 관점에서는 호재보다는 다른 조건들, 예를 들어 브역대신평초, 이런 점이 훨씬 더 중요하다고 생각해요. 결국엔 투자자들이 빠지고 나면 실거주 수요가 가격을 어느 정도 바쳐줘야 하는데 호재만으로는 부족하다고 생각하기 때문이죠.

부산지역에서 향후 대규모 개발이 예정된 곳은, 부산시민공원 일대, 북항 일대 등을 꼽을 수 있는데요. 개인적으로 둘 중 한군데에서 살아야 한다면 어디서 살고 싶으신가요.

개인적으로 실거주를 생각한다면 부산시민공원 일대에 살고 싶고 투자를 생각한다면 북항 일대를 뽑고 싶네요. 저는 투자자의 관점에서 부산에서는 북항재개발의 미래를 좋게 보고 있습니다.

저도 같은 생각입니다. 실거주 측면에서는 공원을 옆에 둔 부산시민공원 일대가 더 이끌리네요.

투자성은 북항재개발쪽이 더 낫다고 봅니다. 무에서 유를 창조하고 있는 곳이니까요. 부산시에서도 각별히 개발에 신경쓰고 있는 곳이기도 하고, 특히 2030 부산 엑스포가 북항에 유치된다면, 화룡점정을 찍게 될 것이라고 생각합니다.

저도 비슷한 맥락에서 실거주하는 숲세권인 부산시민공원 일대에서 하고 싶어요. 도심속에서 아름다운 녹색 뷰를 감상하며 힐링할 수 있으니까요. 그리고 연지동은 전통 주거지로서 기본적인 인프라가 잘 구축되어있기 때문에 실거주로 좋은 것 같아요.

투자의 관점에서는 부산시민공원 일대와 북항 일대 둘다 매력적인 곳 같아요. 시간이 지날수록 공기질이 더욱 중요시 될 거고, 그런 의미에서 도심 속 공원을 즐길 수 있는 부산시민공원 일대의 가치는 올라갈 것이라 생각됩니다.

또한 북항 일대도 제가 부산역 갈때마다 살펴보는데 갈때마다 발전되어 있는 모습에 깜짝 놀라요. 2022년 북항 1단계 준공 예정 및 북항 2단계 착수 예정이니 모든 계획이 완성되어있을 때쯤에는 얼마나 더 발전되어있을지 기대됩니다.

이번에는 그런 의미에서 협성휴포레 부산진역에 대해서 보겠습니다.

주상복합 아파트라고 하지만 장점이라면 초역세권인 점, BRT가 지나가는 점, 주변 생활 인프라가 좋은 점, 향후 북항 배후 주거지로 발전 가능성이 있는 점, 서면/남포동 모두 접근성이 좋은 점, 입면분할창이 조망을 보기에 좋은 점 등을 들 수 있습니다.

12. 협성휴포레부산진역오션뷰(메인테마 : 개발 호재)

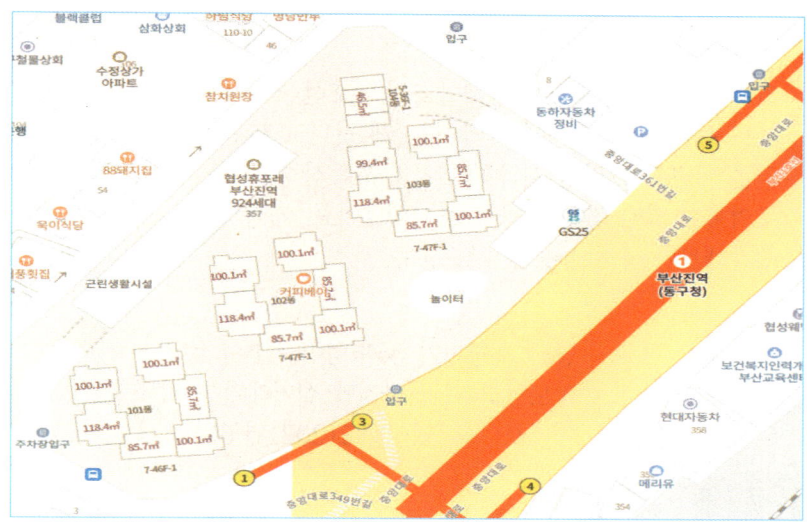

_ 초역세권 부산진역 협성휴포레

북항재개발에 대해서 관심은 많았는데 협성휴포레는 이번 기회를 통해서 알게 됐네요. 앞서 말씀하신 분들의 장점이 많은 아파트로 보이네요.

지나가다 몇 번 본 적이 있는데 '진정한 역세권 아파트는 여기다.'라는 걸 말해줄 정도로 초역세권이었어요. 지하철 1호선 라인에 1분컷 가능한 신축 아파트의 매력은 충분히 있다고 생각해요.

그리고 제 지인 중 한명이 여기 당첨됐었어요. 35평형 86.76 대 1의 경쟁률을 뚫고 당첨됐으나 낯선 동네라는 막연한 두려움으로 고민이 많았죠.

4인 4색 **부산 부동산** 단톡방 엿보기

저는 여러 가지 상황(북항개발호재, 1호선 초역세권 아파트 등)을 고려했을때 계약하는 게 낫다고 판단해 추천을 해줬으나, 막상 계약하자니(첫 부동산 계약이라는) 두려움이 앞서 결국 계약을 포기했었어요. 지금 돌이켜 생각해보면 아쉬운 결정이죠. ㅠㅠ

당시 분양가가 35평형이 4.1~4.49억 정도였고 지금 마지막 실거래가를 확인해보니 8.5억이네요(2021년 6월).

그런데 협성휴포레 부산진역은 사실상 나홀로 아파트라는 점이 아쉽습니다. 나홀로 아파트, 어떻게 생각하시나요.

앞서 대단지 얘기 했을 때 상승할 때 폭발적인 수요와 투자 수요로 대상승을 만든다는 말씀을 드렸는데요. 나홀로 아파트는 이런 측면에서 상승장 때 상승 동력과 에너지가 살짝 약하다는 단점이 있습니다. 다만 북항 재개발 수혜지라는 대형 호재를 안고 있는 단지는 다른 모습으로 갈 수도 있습니다.

12. 협성휴포레부산진역오션뷰(메인테마 : 개발 호재)

나홀로아파트를 그리 좋게 보지 않습니다. 북항 재개발 호재가 있다는 점, 그리고 북항뷰가 보인다는 것은 좋겠지만, 주변 시세를 리딩할만큼의, 혹은 기존의 급지를 뛰어넘을 만큼의 가치는 기대하기 어렵다고 생각합니다.

하지만 나홀로아파트이더라도, 다른 지역이나 다른 아파트에서 누릴 수 없는 절대적인 가치가 있다면, 이는 달리 생각해봐야 할 것입니다.

(S급 조망, 바닷가 1선, 전국구 휴양지, 초대단지 등)

또한 주변 낙후된 지역이 재개발이 될 수 있는 환경이라면 이야기는 달라지겠죠. 현재는 나홀로아파트이지만, 미래에는 입지 좋은 주거밀집지역이 될 수 있으니까요.

나홀로 아파트는 외롭죠. 제가 협성휴포레 부산진역 오션뷰를 보니 확실히 혼자 덩그러니 있는 느낌이 강했어요. 초등학교도 약간 거리가 있구요.

하지만 인근에 부산시 동구청을 비롯한 관공서가 가까이 있어 생활하기에 편리하고 수정동 일대가 재개발이 진행된다면 이 일대는 거대한 아파트 단지로 탈바꿈할 수 있겠죠.

4인 4색 **부산 부동산** 단톡방 엿보기

또한 가까운 미래에 북항 재개발이 완공된다면 향후 북항 배후 주거지로서의 가치는 무궁무진하다고 생각합니다.

저는 적어도 부산에 한정하여서는, 입지의 본질은 결국 '직장'이라고 생각합니다. 서울에서 역세권이 각광을 받는 것 역시 양질의 직장이 있는 강남권으로의 접근성이 중요하기 때문이라고 생각하고요, 판교의 성공도 같은 맥락이지요.

결국 북항 주변이 발전하기 위해서는 그 안에 양질의 일자리가 생겨야 한다고 생각하는데, 앞으로 북항에 양질의 일자리가 생길 가능성이 있을까요.

그건 북항재개발을 추진하는 주체의 능력에 달려있다고 봐요. 일단 북항재개발 사업의 밑그림은 괜찮다고 생각하고 부산 최초 오페라하우스 등의 관광시설도 많이 들어가고 이미 고급 생활숙박시설(생숙)도 많이 입주를 하고 있는 시점이기에 북항의 미래는 투자 결과로 그리고 가격으로 보여지고 있습니다.

대표적으로 G7 가격을 보면 알수 있죠.

12. 협성휴포레부산진역오션뷰(메인테마 : 개발 호재)

제가 들은 낭설 중에서 북항 개발이 성공할 수 밖에 없는 비결 중 하나가 지역 신문사 및 방송국등이 입주할 예정이기 때문이라는 말도 있던데요.

신문사 및 방송국등의 사옥 입주가 많다면 나중에 홍보는 제대로 하겠네요. ㅎ

부산에서는 특히 아파트 브랜드가 각광을 받고 있는 것 같습니다. 동원비스타, 협성휴포레, 삼정그린코아, 경동리인 등 지역 건설사가 짓는 2군 브랜드에 대해서는 어떻게 생각하시나요.

수도권 신도시에서는 2군 브랜드 아파트도 대장 아파트가 되기도 하고 입지가 우선하는 경향이 있는데 특히 부산의 경우에는 메이저 건설사가 대부분의 지역에서 대장 아파트를 독차지 하고 있습니다.

_ 229

4인 4색 부산 부동산 단톡방 엿보기

유일하게 한지역에서 대장 단지인 곳이 저는 명지 더힐 시그니처(구 부영) 같은데요. 물론 명지 포스코와 대장 다툼을 하긴 하지만 유일하게 2군 아파트가 대장을 하고 있는 대표지고 이런 측면에서 보면 브랜드도 중요하긴 하지만 더 중요한 건 입지가 아닐까 해요.

제가 지켜본 결과, 구축일수록 브랜드보다는 입지가 중요하며, 신축일수록 입지보다는 브랜드가 중요하더군요. 그만큼 신축 아파트에 있어서 브랜드파워는 생각보다 컸고, 여기에 대단지까지 더해지면 안정권이라는 생각마저 들 정도였습니다. 백양산 롯데캐슬이 큰 인기를 끌었던 것 처럼요.

반면에 2군브랜드, 알려지지 않은 듣보 브랜드 등은 입지가 꽤 준수함에도 인기를 끌지 못하거나 외면받는 경우도 많았습니다.

2군브랜드들은 입지좋은 재건축/재개발 수주에 상대적으로 어려움이 있고, 그렇다보니 자체적으로 땅을 확보하여 개발을 하는 경우가 많은데, 이 경우 넓은 땅을 확보하지 못하다보니 세대수도 적어지고 두 동짜리로 올라가게 되는 것이죠. 물량이 적다보니 수익성 확보를 위해 분양가는 올려야하고, 결국 "2군브랜드에 세대수도 적은데 뭐이렇게 비싸노?" 라는 평가를 들으며, 괜찮은 입지임에도 외면받는 경우가 생기는 것 같습니다.

12. 협성휴포레부산진역오션뷰(메인테마 : 개발 호재)

(아마 부산에서 D사, S사, G사 등이 떠오르실 거에요. 대표적인 지역건설사죠)

이런 2군브랜드 단지의 특성을 이해하고 생각해 볼 필요가 있을 것 같습니다. 사직롯데 옆에 S사 단지, 해운대자이 옆에 G사 단지, 해운대롯데캐슬스타 건너편의 D사 단지 등등... 그리고 최근에는 해운대 우동 센텀마티안의 사례 등. 2군 브랜드라고 무시할 게 아니죠?

그리고 내부 인테리어나 마감, 공용부 마감 등은 오히려 2군브랜드가 더 좋은 경우도 많이 봤습니다. 이런 것은 현장마다 다 다르므로, 많이 다니면서 느껴보시면 좋을 것 같습니다.

저는 개인적으로 그 아파트가 있는 입지가 가장 중요하고, 그다음이 세대수나 브랜드라고 생각해요. 부산에서는 확실히 래미안, 자이 브랜드를 선호하는 것 같구요.

2군 브랜드 중 부산/경남 지역에서 유명한 한 건설사의 경우 내부 자재나 인테리어가 잘 되어있다고 생각해요. 아줌마들사이에서도 아파트를 튼실하게 잘 짓는다라는 이미지가 있구요. 2군 건설사가 짓는다고 1군보다 못한 건 결코 아닌 것 같구요. 어떻게 짓느냐, 재개발/재건축일 경우 조합원들과 일반 분양자들이 얼마나 애정을 가지고 살펴보며 함께 만들어가느냐에 달렸다고 생각합니다.

우리나라의 분양제도의 특성상, 1군 건설사가 짓는 아파트의 분양가보다 오히려 2군 건설사가 짓는 아파트의 분양가가 높은 경향이 있어요. 처음에는 정말 이해가 안갔는데요. 이게 결국 선분양제를 취하고 있기 때문에 벌어진 일이더라고요.

정부의 입장에서는 민간건설사로 하여금 주택사업에 대한 적극적 참여를 유도하고, 민간건설사의 입장에서는 선분양 및 허그의 분양보증을 통해 원활하게 자금을 확보하고, 허그는 분양보증 과정에서 분양가 심사를 하여 분양가를 억제하는 역할을 할 수 있다 보니 선분양제가 대한민국에서 자리잡게 된 게 아닌가 합니다.

다만 그러다 보니 2군 건설사의 입장에서는 투자자의 입장을 고려하기 보다는, 허그로부터 분양가 승인을 최대한 높게 받아 경제적인 이득을 취하는 전략을 자주 취하고, 이는 사업부지가 확보되어 있는 건설사들이 취할 수 있는 효율적인 방향이긴 하죠.

그런 의미에서…선분양제에 대해서는 어떻게 생각하시나요.

최근 후분양을 진행해서 가장 문제가 된 재건축 단지가 있죠. 바로 둔촌주공인데요. 둔촌주동은 강동구지만 송파구와 맞닿아 있는 입지이고

12. 협성휴포레부산진역오션뷰(메인테마 : 개발 호재)

9호선 5호선 역세권에 학교도 단지안에 품고 있으며 1만 2천세대 단군이래 최대 재건축이라 저도 관심이 많았던 단지인데요.

이곳이 HUG 랑 분양가 조율에서 문제가 있어서 후분양을 진행 했는데 시공사와 조합간 문제가 발생해서 결국 공사를 중단하고 시공사에서 유치권까지 행사하는 사태가 발생했습니다.

시공사와 조합 둘다 파행으로 가는 후분양의 사례를 만들었기 때문에 앞으로 시공사는 더욱 선분양을 진행하려고 할 겁니다.

사실 선분양제의 경우, 결국 HUG가 분양가 조정을 통해 아파트 가격의 급격한 상승을 막는 제도적 장치로 이용되어 왔는데, 이러한 사유로 인해 주변 시세에 비해 낮은 가격으로 분양가가 결정되어, 결국 '로또청약' 이라는 단어가 등장하고, 실수요자에 대한 피해로 돌아가는 경우도 왕왕 있었지요.

또한 후분양제의 경우, HUG의 분양보증이 필요하지 않는, 결론적으로 자금력이 충분한 건설사들만이 선택할 수 있는 방향이기 때문에, 선분양제도에 비해서 분양가가 높아질 수 밖에 없는 구조이고, 빠꾸미님이 말씀하신 사례처럼 분양시기에 따라 리스크가 높기도 하지요.

4인 4색 부산 부동산 단톡방 엿보기

한편 자금력이 다소 부족한 현장에서도 선분양제도와 분양보증을 통해 아파트를 공급할 수 있으므로, 선분양제도는 공급 측면에서도 순기능이 있는 제도이긴 합니다.

다시 주제로 들어와서, 브랜드를 입지로 넘어선 사례는 몇군데 있지요. 다들 알고 계시는 W, 제이드가 있고요, 일반 브랜드로는 삼한골든뷰 센트럴파크, 센텀마티안 등도 있는데, 또 다른 사례가 있을까요.

사실 그런곳들의 공통점은 대부분의 입지가 대체 불가능성을 가지고 있어요. 해안가 라인의 완벽한 뷰를 가지고 있다든지, 삼한골든뷰 같은 경우에도 시민공원을 품고 있고 부전역과 아주 가깝죠. 입지가 넘사벽입니다. 명지더힐시그니처(구 부영) 같은경우에도 명지스타필드를 안고 있고 초등과 중학교를 품고 있는 명지신도시내 유일한 아파트라 희소성이 있어서 그렇습니다.

브랜드를 입지로 넘어서는 단지는 대체 불가능의 입지를 가진 단지라 보면 되겠습니다. 앞으로도 투자를 하실 때 브랜드가 좋으면 남들도 다 좋게 보고 이미 가격에 선반영 되어 있기 때문에 투자 조건이 좋지 않지만 브랜드가 안 좋고 입지가 대체 불가능하면 저평가 가능성이 크기에 투자에도 좋은 조건이 될 수 있으니 이런 숨은 보석 같은 단지를 발굴해서 투자를 하는 게 더 좋다고 생각합니다.

■ 4인 4색 부산 부동산 단톡방 엿보기 ■

에필로그

내가 가고 싶은 아파트를 말하다…
(부산 아파트 시장의 미래?)

태박이   유동닉   연산댁   부산빠꾸미

 태박님, 태박님은 부산에 있는 아파트 중에서 좋은 아파트라면 어지간한 곳은 다 가 보신 것 같은데… 혹시 그 중에서 가장 기억에 남는 곳이라던지 혹은 기회가 된다면 살고 싶은 곳이나 꼭 갖고 싶은 곳이 있나요.

유튜브를 촬영하며 정말 많은 아파트와 주거공간을 봤던 것 같아요.

4인 4색 부산 부동산 단톡방 엿보기

> 뷰가 정말 멋졌던 마린시티 제니스와 아이파크, 내부가 끝내줬던 경동제이드, 커뮤니티가 너무 부러웠던 엘시티까지...

> 그냥 돈 걱정 안하고 들어가서 살 수 있다면 당연히 위와 같은 멋진 주상복합 랜드마크 아파트를 생각하겠지만 어느 정도의 투자성까지 감안하여, 해운대 재건축 아파트, 대우마리나 60평대 대형평수로 가고 싶습니다.

> 입지야 말 할 것도 없고, 해운대 노른자땅을 깔고 앉아 살면서 재건축 이슈까지 바라볼 수 있으니까요.

> 그리고 무엇보다도, 제 아내의 로망이 50~60평대 대형평형에 사는 것입니다.

> 구축이더라도 대형평수에서 인테리어를 멋지게 해놓고 살면서, 아내의 로망까지도 실현시켜주고 싶어요.

> 제가 살고 싶은 아파트라 말하면 사실 삼익비치나 엘시티지만 너무 예상 가능한 답변 같아서 저는 아파트나 주상복합 말고 실제로 가능성이 높은 이야기를 하자면 부산에서 입지가 좋은 곳에 상가주택을 직접 건축해서 실거주 하고 싶은 생각이 있습니다. 이 얘기를 재테크는 스크루지라는 아이디를 쓰시는 블로거에게 인터뷰때 얘기를 했더니 이렇게 그림도 하나 그려서 주셨습니다.

에필로그 / 내가 가고 싶은 아파트를 말하다…(부산 아파트 시장의 미래?)

 사실 4층 실거주 집에는 옥상 테라스도 멋지게 있어야 하는데 건축 설계 하시는 분이 아니니 그려 주신것만 해도 너무 감사했습니다. ㅎ

저평가된(용적률을 최대 활용 못한 대지) 입지를 발굴해서 사용 활용도를 최대화 하는게 부동산 투자이듯이 저는 부산에서 좋은 입지의 저평가 된 부동산을 발굴해서 저의 사업상 부동산 투자상 최대 활용도를 높이는 신축을 진행하는 게 앞으로의 목표이기도 합니다. 그 과정에서 우리 가족이 꿈꾸는 집의 모습도 구체화 하고 지역도 상의하면서 찾을 예정입니다.

4인 4색 **부산 부동산** 단톡방 엿보기

저의 드림하우스는 바로 남천동 삼익비치 아파트입니다.

연산더샵에서 신혼 생활을 할때 지인들과 부동산 수다를 떨면서 "우리 환갑잔치는 남천동 삼익비치 스카이라운지에서 하재이~"라고 이야기한 적이 있었죠. 그땐 막연히 우리가 환갑이라는 나이가 되었을 때쯤 삼익비치가 재건축이 되어 부산 최고의 입지 대장아파트로 되어있을테니 라는 마음이었어요. 하지만 요즘 들어 부산에서 남천동 삼익비치아파트를 대체할 다른 아파트가 있을까? 라는 생각이 들더라구요.

우선 광안대교가 보이는 바닷가 근처의 아파트로 집에서 광안대교뷰를 바라볼 수 있고, 대단지 아파트의 인프라를 즐길 수 있죠. 그리고 전통있는 남천동 학원가를 이용할 수 있고, 입주할 당시부터 만들어져온 생활 편리성을 그대로 누릴 수 있죠. 재건축이 되어 신축 아파트가 된다면 우리가 흔히 생각하는 6종세트(브역대신평초)에 부산을 대표하는 광안대교뷰까지.. 더이상 말이 필요없을 정도로 꼭 한번쯤 실거주해보고 싶은 아파트입니다.

저는 아직 지어지지는 않았지만 촉진1구역에 들어올 50평대 이상의 아파트에 살고 싶습니다.

에필로그 / 내가 가고 싶은 아파트를 말하다…(부산 아파트 시장의 미래?)

여러 이유가 있지만, 부전역 개발 등 호재가 많은 곳이고, 부산 어디로건 이동하기 좋은 교통의 중심지인데다가, 제가 주로 업무를 하는 법원도 가깝고, 무엇보다도 부산시민공원이 가깝기 때문입니다.

시민공원은 부산시민의 애증이 담긴 땅이기도 하지요.

또한 별다른 사정이 없는 한 촉진1구역에 지어질 아파트는 주차장이나 세대수, 상권, 학군 등에 있어서도 여러가지로 만족할 수 있는 제 개인적인 입장에서는 모든 것을 만족할 수 있는 아파트가 될 것 같습니다.

 여러분이 원하는 드림 아파트 모두 입성하길 바라겠습니다.

그럼 지금 부산 부동산이 사이클상 어디까지 왔고 드림 아파트는 언제쯤 매수 할 계획이신지요?

개인적인 생각입니다만, 지금 부산 부동산 사이클은 결국 상승기의 끝자락이 아닐까 하는 생각이 듭니다.

'유효수요'라는 개념이 있는데요. 구매를 원할뿐 아니라 실제로 구매가 가능한 능력이 있는 수요를 의미하는 개념입니다.

현재 부산의 아파트들 중 보편적인 평형인 84제곱미터(34, 35평)을 기준으로 했을 때, 어지간한 신축아파트들의 가격이 7억원 정도하는데요.

그 중 50%인 3억 5,000만원을 대출받는 경우, 월 원리금이 대략 155만원 가량에 이르게 됩니다(원리금 균등상환, 이율 연 4%, 상환기간 35년 기준). 만약 이율이 5%라면 월 원리금은 176만원 가량이고요.

부산 지역의 직장인들의 평균적인 소득을 고려해 보았을 때, 위 원리금은 사실상 보통의 가정이 감당할 수 있는 한계선인거 같아요.

사실 그간 부산 아파트의 급격한 상승원인은, 이른바 '똘똘한 한채'의 선호현상으로 인해서 청년들까지도 미래소득 및 부모의 노후자산을 담보삼아서 자신이 구입 가능한 최고가의 아파트를 구매하려는 움직임의 결과가 아닐까 하고 개인적으로 생각하고 있고, 그 한계가 국민평형(84제곱미터) 아파트 7억원 정도가 아닌가 싶습니다ㅎㅎ.

따라서 일부 특수한 아파트들을 제외하면, 살만한 구축 및 신축아파트 가격의 지속적인 상승은 조금 어렵지 않을까 싶습니다.

에필로그 / 내가 가고 싶은 아파트를 말하다…(부산 아파트 시장의 미래?)

드림아파트의 구매시기는 가능하면 촉진1구역의 입주시기였으면 좋겠지만….그저 희망사항이겠지요ㅎㅎ

저는 유동닉님이랑 비슷하면서 조금 다른 시각을 가지고 있는데요.

현재 부산 부동산 시장은 아직 오를 여지가 더 있지만 투자로서는 비추이고 실거주로서는 급매가 나왔을 때만 매수를 추천드리는 시장입니다.

왜 그런지 두가지 관점에서 설명을 드리려고 하는데요.

먼저 시장의 투자 참가자와 투자 대상에 대한 프로세스로 시장 판단을 하자면 어떤 부동산 시장이 하락장의 말미나 상승 초입에 진입하면 가장 먼저 투자를 고려하고 진입하는 투자자 유형이 저와 같은 전국 투자자 입니다. 이들은 전국의 부동산 시장의 사이클을 보고 있다가 가장 선진입 하는 투자자 유형인데 이들이 선호하는 투자자는 상승장에서 가장 먼저 오르고 가장 많이 오르는 신축이나 재개발/재건축 아파트에 투자를 합니다.

_ 241

이들이 투자하고 상승이 본격 시작되면 그 시장에서 투자를 많이 해본 지역 투자자들이 본격적으로 투자를 시작합니다. 이들은 전국으로 투자를 하지 않지만 그 지역에서 투자 경험이 많고 다주택자 투자자에 해당하는 지역 투자자들입니다. 이들은 그 지역에서 투자 대상에 대해서 잘 알고 투자를 잘 실행하는 유형으로 이들이 선호하는 투자 대상이 앞선 전국투자자들이 선호하는 투자 대상뿐만아니라 덜 오른 학군지 아파트나 갭 메우기가 시작 되지 않은 아파트 준신축 저평가 단지에 투자를 합니다.

세번째로 투자를 하는 사람은 실거주자 중에서도 투자에 관심이 있는 사람들이 투자를 실행하는데 이들이 관심 있는 곳은 앞서 말한 투자 대상뿐만 아니라 아직 갭 메우기가 시작 되지 않은 오르지 않았지만 입지가 좋은 구축에 투자나 실거주 용도로 투자를 하기 시작하며 부산은 현재 여기까지 온 상태라고 생각합니다.

입지 좋은 구축의 상승까지 끝난 상태이며 마지막 상승장에 움직이는 사람은 실거주자이며 이 사람들이 본인의 자금 사정에 따라 아직 오르지 않은 외곽의 구축 단지까지 오르면 상승장이 끝나게 됩니다. 부산은 아직 실거주자들이 외곽의 구축까지 사지 않아서 상승장이 끝나지는 않았지만 상승장의 말이라고 표현할 수 있겠습니다.

에필로그 / 내가 가고 싶은 아파트를 말하다…(부산 아파트 시장의 미래?)

수도권 같은 경우에는 외곽의 구축까지 모두 올라 상승장이 거의 끝나고 하락장 초입이라 표현해도 무리가 없습니다.

다만 부산의 경우에는 투자로 고려하기에는 좋지 않고 그동안 상승장에 오른 투자 대상이 있다면 한 두개 매도하여 새로운 투자 기회가 있는 곳에 공부를 시작하여 투자 기회를 노리는 게 좋습니다.

지금 하락이 시작하고 있는 대구 부동산 같은 곳을 노리는 것도 하나의 방법입니다. 제가 투자 상담을 맡은 분들께는 부산 상승장에서 수익을 내셨다면 매도 후 대구 투자를 준비하라고 조언을 합니다.

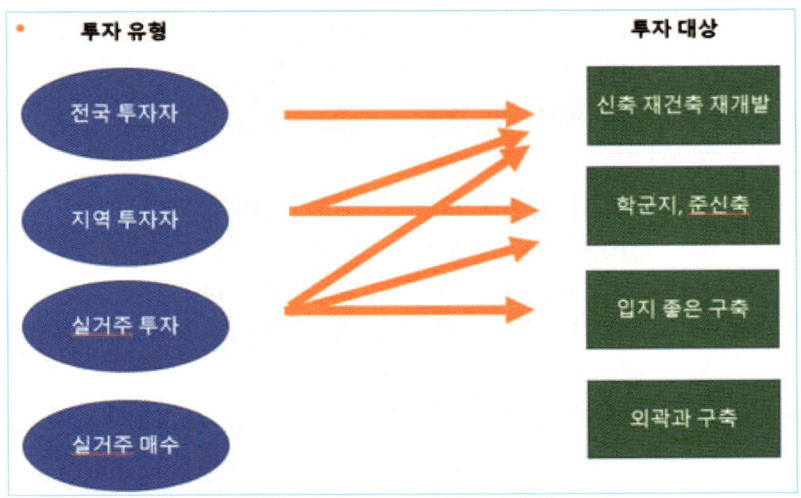

4인 4색 **부산 부동산** 단톡방 엿보기

두번째로 공급 차원에서 말씀을 드리려고 합니다.

부동산 투자에서 시장에 영향을 많이 미치는 요소는 공급과 유동이라 생각하는데요. 유동성은 어찌보면 거시경제나 세계경제에 따라서 유동성이 지난 몇년간 코로나 시대에서 많이 풀렸다가 현재 인플레이션이 심해져서 유동성을 줄이면서 금리인상을 시작하고 있는데요.

그래서 과거만큼 유동성이 늘어나면서 부동산이 성장하는 시장은 아니고 금리도 오르고 있어 조심해야 하는 시장이 맞지만 이 상황에서 공급은 어떻게 될지 고려가 매우 중요합니다.

공급에 따라서 지역별 시장이 다르게 움직일 수 있으니까요. 전국에서 가장 사이클이 선행하고 있는 대구부동산이 미분양이 늘고 가격이 급락하는 이유도 공급이 너무 많기 때문입니다. 대구 공급은 2024년까지 계속 넘치는데 그 때문에 전세가도 방어가 안되고 투자 심리도 죽어버렸습니다.

서울과 수도권의 경우 2026년 정도에 3기 신도시 공급이 본격적으로 이뤄질 때 그때부터 서울 공급과 함께 풀리기 시작하면서 문제가 될 가능성이 큰데 부산 경남의 경우에는 서울과 경기도 보다 공급적인 차원에서 상황은 더 좋은 편입니다.

에필로그 / 내가 가고 싶은 아파트를 말하다…(부산 아파트 시장의 미래?)

요즘 분양을 기다리고 있는 분들이라면 공감 하실 건에 부산 원도심 분양이 너무 없다는 것입니다.

부산은 원도심 재개발 재건축과 외곽 신도시로 공급이 진행 되는데 외곽 신도시의 경우에는 에코델타시티를 통해서 꾸준히 분양이 진행 되고 또 앞선 글에서도 제가 추천드린 아파트도 있습니다.

이쪽 분양을 꾸준히 노리시되 가점이 높거나 특공이 있다면 원도심 분양하는 단지 중에서는 광안2구역이나 양정1구역 대연3구역 등이 대표 분양 단지인데 이 이후로는 좋은 입지의 단지 공급이 쉽지 않은 상황입니다.

원도심 공급은 이미 정해진 미래라고 보시면 됩니다. 재개발 재건축 프로세스에 따라서 공급이 정해져 있는데 부산 시 내에서 공급은 관리처분 이후로 이주가 시작되고 있는 구역을 세보면 되는데 지금 그 단지들이 별로 없습니다. 앞으로 5년 정도 공급이 원활하지 않을 것이라는 걸 예상할 수 있습니다.

그래서 **부산 부동산 시장의 투자 대상별 가격 상승과 전세율적인 수치로 보면 이미 상승장의 말까지 왔지만 공급적인 측면에서 보면 5년간 많지 않은 상태로 급등하거나 급락하지는 않을 것이라고 생각합니다.**

그래서 투자로서 고려는 부산부동산은 좋지 않지만 오히려 수익을 남길 수 있으면 다시 오를 때 매도를 하시고 하락이 시작되는 대구부동산을 공부하시고 실거주를 해야 하는 분들이라면 전 고점 대비 20~30% 조정된 급매가 나온다면 매수를 고려해야 하는 타이밍이라고 생각합니다.

실거주로 매수를 해야 하는 분들이라면 조정된 가격에 사야하기 때문입니다. 그리고 본인이 청약가점이 높거나 신혼특공 조건이 좋다면 에코델타 청약을 노리는 것도 하나의 방법입니다.

어떤 시장의 미래를 예측하는 게 쉬운 일이 아닙니다. 그렇기에 저는 본인만의 투자 관점을 만들어서 본인의 시각으로 시장을 보고 스스로 판단하라고 조언합니다. 스스로 판단하고 고려를 해야 다음에도 남의 조언이나 판단에 흔들리지 않고 투자를 꾸준히 할 수 있기 때문입니다.

투자 공부 열심히 하셔서 본인만의 투자관을 완성하셔서 성공투자 하시길 바랍니다. 감사합니다.

에필로그 / 내가 가고 싶은 아파트를 말하다…(부산 아파트 시장의 미래?)

저는 지금까지 부산 부동산 시장을 살펴봤을 때 상승장의 끝자락이라 생각해요. 조정지역 지정전 상승이 있었고, 조정지역 해제 이후 또 다른 엄청난 상승이 있었죠. 그런 시기를 지나 지금은 보합세가 강하게 나타나고 있다고 생각해요. 예전처럼 거래가 활발하게 일어나는 것도 아니고 종종 급매물이 나오고도 있기 때문이죠.

앞으로 부산 부동산 시장을 정확히 예측하는 것은 신의 영역이라 생각하지만 지금까지 흘러가는 상황을 살펴봤을때 양극화가 심화될 것이라 생각됩니다. 특히 해운대의 경우 더 이상 아파트를 지을 공간은 한정적인데 해운대로 입성하려는 수요는 꾸준하기 때문에 가격적인 면에서 상승 내지 보합을 예상합니다. 따라서 현재 주택보유수와 재정 상황에 따라 계획을 짜고 실행하는 것이 가장 최선이 아닐까 생각합니다.

무주택자의 경우 전략적으로 주택청약을 준비하거나, 보금자리론 등을 활용하여 실거주용 주택을 매매하는 것이 심신안정에 좋다고 생각합니다.

주택청약의 경우 막연히 1순위 통장을 만들어놓고 청약 당일 넣는 것보다는 나의 가점은 얼마나 되는지 미리 계산해보고, 앞으로 분양을 앞둔 아파트 단지를 살펴보며 내가 당첨될 확률이 얼마나 될지 그리고 그 확률을 높일 수 있는 방법에 집중하는 것이 중요하다고 생각합니다. 타입별로 경쟁률도 상이하기에 어떻게든 당첨되는 것이 목표라면 비선호 타입에 지원하는 것도 하나의 팁이 되겠죠. 그리고 보통 특별공급 경쟁률대로 일반공급 경쟁률이 흘러가는 경우가 많아서 특별공급 경쟁률을 보고 다음 날 진행될 일반공급 경쟁률을 예상해보는 것도 좋을 것 같아요.

생애 첫 주택 매매의 경우는 처음 시작이 참 어려운 것 같아요. 그러기에 실행력과 타이밍이 가장 중요하다고 생각해요. 제가 신혼집을 전세로 시작하고, 부산 부동산 시장의 엄청난 상승장을 지켜보며 눈물을 머금었던 시절을 떠올리면 그 때 참 실행력이 부족했던 것 같아요. 그것도 당연한 것이 부동산 매매라는 것을 한번도 해본 적이 없고 금액도 매우 크기 때문에 인생 최고 금액의 쇼핑이라 망설여지는 경우가 많기 때문이죠. 그래서 더더욱 실행력과 타이밍이 중요하다고 생각합니다. 지금 나와있는 매물을 살펴보면 양도세 비과세를 받기 위한 급매물들, 상급지로 갈아타기 위한 매물 등 시세보다 다소 조정된 가격의 매물들이 많이 보여요. 꾸준히 공부하시고 상대적으로 저평가되어있는 매물이 보인다면 과감하게 매매하셔서 실거주하시는 것도 좋은 방법이 될 수 있다고 생각합니다.

에필로그 / 내가 가고 싶은 아파트를 말하다…(부산 아파트 시장의 미래?)

또한 빠꾸미님 말씀처럼 상대적으로 저평가되어 있는 전국의 다른 지역 아파트 등을 공부해서 투자하고 수익을 창출한 이후에 그 수익금을 가지고 다시 부산 부동산을 매매하는 것도 하나의 방법이 될 수 있다고 생각합니다. 그러기 위해서는 첫 시작을 위해 마음을 크게 먹고 거기에 뒷받침될 꾸준한 공부도 필요할 것 같습니다.

제가 첫 주택을 매수해보고 부동산에 대해 공부를 하면 할수록 부동산은 '실전'이란 생각이 들더라구요.(그런 의미에서 부산 대표 부동산 카페인 실전 부동산 카페.. 이름 참 잘지었다는 생각이.. ㅎㅎ) 결국 많이 공부하고 많이 경험해본 사람이 잘할 수 있는.. 그런 시장이 아닌가 하는 생각을 했답니다. 그러기에 부동산 상승기를 잘 활용하신 분이든 아니든 지금부터라도 시작하신다면 언젠가는 웃으실 날이 올 것이라 믿습니다.

드림아파트 매수 시기는 지금부터 꾸준히 기회를 노려볼 생각입니다. 부동산 시장에서 타이밍 예측하는 것은 힘들기때문에 제가 가지고 있는 사다리(부동산 매물)를 이용하여 기회가 왔을때 꼭 갈아타기에 도전해볼 생각입니다. 그러기 위해서는 열심히 돈도 모으고 타이밍을 잡으려고 노력해야겠죠. 부동산은 계속 찾아가고 문을 두드리면 언젠가는 제 것이 될 수 있다고 생각합니다.

좋은 말씀들을 해주셨네요. 정말 부동산에 대한 인사이트가 다들 대단하신 것 같아요.

그럼 저는 조금 다른 이야기를 할까 해요

2022년 6월 현재, 저의 드림아파트라고 밝혔던 대우마리나1차의 66평형 매물 호가는 25억원입니다. 저에게는 이 금액이 클 뿐더러 대출도 나오지 않으므로 사실 이 주택을 취득하기에는 갈 길이 멉니다.

따라서 언제 드림아파트를 매수할 것인지에 대해서는 솔직히 저는 아직 확신이 없으며, 현실적으로 와닿지도 않습니다.

더군다나 2022년 현재는 금리마저 오르고 있어서, 투자환경이 더욱 안좋아 질 것으로 전망하고 있습니다.

따라서 상급지 이동, 평수넓히기와 같은 내 집 업그레이드 및 투자의 관건은 내가 이자를 얼마나 잘 갚을 수 있는 사람인가라고 생각합니다.

저는 꾸준히 투자를 이어감과 동시에 이자를 감내할 수 있는 체력을 높이는데 집중하려고 합니다.

에필로그 / 내가 가고 싶은 아파트를 말하다…(부산 아파트 시장의 미래?)

회사에서 월급으로 300만원 받는 사람은 월급 안에서 생활비도 써야하고, 이자도 내야하고, 모든 것을 해결해야 하므로 부동산투자도 싼 것만 찾게 되고 소극적으로 할 수 밖에 없으며, 그만큼 리스크는 높아지게 됩니다. (High Risk, Low Return)

하지만 월급 외 소득까지 3,000만원을 버는 사람은 부동산도 더 비싸고 좋은 걸 살 수 있게되고 이것은 다음 상승장 때 더욱 빛날 것입니다. (Low Risk High Return)

따라서 저는 좋은 부동산을 살 수 있도록, 그리고 그에 대한 이자를 충분히 감내할 수 있도록 몸값을 높이고, 체력을 키우는 것부터 먼저 할 것입니다.

저 역시 월급만 받던 평범한 직장인이었지만, 이것저것 시도하며 월급 외 소득을 꾸준히 실현해왔습니다.

블로그를 쓰며 지식과 경험을 공유했고, 저를 아는 사람들이 조금씩 생기기 시작했습니다.

제가 자신있는 분야로 작은 강의를 개최하여 월급 외 부수익을 발생시키며 자신감을 가지기 시작했고, 유튜브에서 성과가 나타나기 시작하며 개인적인 성장과 함께 직장 월급 이상의 수익을 올리고 있습니다.

4인 4색 **부산 부동산** 단톡방 엿보기

> 이러한 소득 성장이 자신감있는 부동산 투자로 이어지고, 드림아파트 매수 시기를 앞당겨 줄 것입니다.

> 제가 봤던 부자들은 대부분 다 이런 모습을 보였습니다.

> 월급이 한정되어있는 직장인들은 투자를 잘해서 자산의 크기는 커졌을지언정, 삶을 살아가는 방식이나 삶의 질은 그다지 변하지 않았습니다.

> 하지만 높은 월 소득을 바탕으로 좋은 부동산에 망설임 없이 투자하고, 안정적으로 이자를 감내하며 시간과 기다림에 투자하는 분들은 더 크고 거대한 부자가 되어가고 있었습니다.

> 더욱이 이런 부자들은 소비에서도 더 여유롭기 때문에 삶이 풍요롭고, 대인관계가 원만했으며, 가정이 화목했습니다.

> 가정이 화목함에 따라 배우자의 신뢰와 지원이 있었고, 그로 인해 부부가 합심하여 더 좋은 투자를 즐겁게 하는 모습을 많이 봤습니다.

> 저도 아직까지 많이 부족하지만, 드림아파트 매수에 앞서, 먼저 그런 사람이 되고자 노력하고 있습니다.

에필로그 / 내가 가고 싶은 아파트를 말하다…(부산 아파트 시장의 미래?)

이를 밑바탕으로 좋은 투자를 몇 번 반복하다 보면, 꿈에 그리던 아파트를 매수하는 순간을 앞당길 수 있지 않을까요?

이 책을 읽는 여러분들도 소득을 더 높이기 위해, 다시 말해 이자를 더 안정적으로 감내할 수 있는 사람이 되기 위해 깊게 고민하고 다양한 시도를 해보셨으면 좋겠습니다. 그리고 꼭 월급 외 수익을 일으키는 성취를 맛보셨으면 합니다.

길게 말했는데, 결론은 심플합니다.

"돈을 더 많이 벌어라. 그리고 그 돈을 계속해서 좋은 자산으로 교환하라"

4인4색 부산 부동산 단톡방 엿보기

발 행 일 : 2022년 07월 26일
저　　자 : 태박이, 유동닉(전경민), 연산댁, 부산빠꾸미(김도협)
발 행 인 : 이 인 규
발 행 처 : 행인출판사
주　　소 : 서울시 관악구 신림로29길 8, 112동 405호
전　　화 : 02-887-4203　팩 스 : 02-6008-1800
출판등록 : 2018.02.22. 제2018-6호
www.baracademy.co.kr / e-mail : baracademy@naver.com

저자와 협의하여
인지를 생략함

정가 : 19,000원　　ISBN : 979-11-91804-06-5(13320)

* 파본은 구입하신 서점에서 바꿔드립니다.
* 본 서는 저작권법에 의하여 보호를 받는 저작물이므로 무단 전재와 복제를 금합니다.